DUMONT
DIREKT

Costa Blanca
Valencia · Alicante

Manuel García Blázquez

Inhalt

Das Beste zu Beginn

Mediterranes Licht
Die Sonne ist es, die diese Landschaft verzaubert. Zuweilen ist ihr Licht grell und heiß wie der Strand. Dann eher sanft und lang wie die Hügelketten parallel zur Küste. Oder bunt wie die Orangen, Kirschen, Mandeln und Oliven in den Gärten.

Die Markthallen von Valencia
Gegessen wird hier mit den Augen. Die Süße des Lebens, prall aufgetürmt direkt vor Ihnen. Volkstümlich und avantgardistisch zugleich ist dieser Markt. Und so beliebt, dass man plant, den Zutritt für Touristen zu begrenzen, da sie das Funktionieren des mediterranen Gastronomietempels behindern.

Pack' die Badehose ein
»Fingerheben, wer noch nie mitgesungen hat!« Alle Hände bleiben unten, denn an der Costa Blanca gibt es kein Fest ohne »La manta al coll i el cabasset«, einen humoristischen Schlager über einen Ausflug zum Postiguet-Strand in Alicante, dessen eingängige Melodie zum Tanzen animiert.

Schatzsuche am Mittelmeer
Die valencianische Küste, das Sommer-Sonnen-Paradies aus dem Ferienkatalog: kilometerlange Sandstrände und scheinbar endlose Hotel- und Apartmentblocks samt Touristenrummel. Ist das alles? Nein, etwas versteckt gibt es auch traumhaft ruhige Orte, überraschend schöne Flecken, wie meine Lieblingsbuchten Cala del Moraig und Cala del Llebeig an der felsigen Küste zwischen Benitatxel und Benissa.

Die authentische Paella
Über die Frage, wo die echte Paella herstammt und welches die Originalzutaten sind, kann in Spanien, ob in Valencia oder anderswo, schon mal Streit ausbrechen. Denn es handelt sich nicht um irgendein Reisgericht, sondern um ein kulturelles Erbe der Region. Auf www.wikipaella.org finden Sie Rezepte sowie Restaurants, die die Tradition der Paella mit Hingabe pflegen.

Botschaften aus grauer Vorzeit
Was sich unsere Vorfahren wohl gedacht haben, als sie Höhlen und Felswände im Maestrat mit Malereien schmückten? Ob sie sich nachfolgende Generationen vorstellten beim Versuch, ihre Wandbilder zu entschlüsseln? Geradezu magisch ist die Anziehungskraft, die diese uralten Kunstwerke auf mich ausüben.

Feuerzauber
Das ist schon mehr als Spaß am Zündeln, was die Valencianos bei den *falles* veranstalten. Dann verwandeln sie sich in echte Pyromanen, die Straßen scheinen in Krach, Staub, Rauch und Feuer zu ersticken. Bereits am helllichten Tag dröhnt die *mascletá* durch die Straßen, meterlange Feuerwerkskörper, die wie Donnerschläge explodieren. In den Wochen zuvor zimmern Künstler und Laien Hunderte Riesenfiguren aus Pappmaché und Holz, oft satirische Verzerrungen bekannter Personen, die man öffentlich ausstellt und in der *nic del foc,* der Nacht zum 19. März, dem Flammentod übergibt.

Fangfrisch vom Kutter
Oft nur wenige Stunden vorher aus dem Mittelmeer gezogen, lassen sich Fisch und Meeresfrüchte genau dort erstehen, wo sie das erste Mal an Land gehen: im Fischereihafen bzw. in der Fischbörse nebenan.

Spuren von Al-Andalus
Weiße Häuser, steile Gassen, labyrinthartig verschlungen, Kirchen erbaut über alten Moscheen, Palmenhaine und zahllose Brunnen – viele Ortskerne sind noch geprägt durch ihr maurisches Erbe.

Mit 15 setzte ich mich in den Zug, um das Meer kennenzulernen. Und seitdem reise ich ohne Unterlass – und schreibe. Um meine Freunde teilhaben zu lassen am Leben als Passant, in dem der Gang zum Bäcker zur Expedition werden kann.

Fragen? Erfahrungen? Ideen?
Ich freue mich auf Post.

 *Mein Postfach bei DuMont:*
blazquez@dumontreise.de

5

Das ist die Costa Blanca

Strand, Strand, Strand – im hellen Sonnenlicht sandgelb bis kieselweiß schimmernd, dahinter weiß gekalkte Häuser mit leuchtendbunten Blumen. Kein Wunder, dass die aufstrebende Tourismusbranche in den 1950er-Jahren den Küstenstreifen der Provinz Alicante auf den Namen ›weiße Küste‹ taufte. Costa Blanca wurde zur Marke und kleine Fischerdörfer wuchsen zu Touristenhochburgen heran. Zusammen mit der sich nördlich anschließenden Costa de Valencia und der Costa del Azahar entwickelte sich die Gegend zum Traumziel für internationale Sonnenanbeter und Wassersportler, die vor allem im Sommer die kilometerlangen Strände und die von Steilküsten gerahmten Buchten in Beschlag nehmen. Doch es gibt hier deutlich mehr zu entdecken, denn die Gegend ist reich an Geschichte und Natur, kulturelle sowie kulinarische Traditionen werden intensiv gepflegt.

Spaniens ›Morgenland‹

Wie überall im Mittelmeerraum ist die Vielfalt der sich überlagernden Kulturen groß. Valencia ist ein uralter Siedlungsraum. Vor Jahrtausenden hinterließen die prähistorischen Ahnen der Iberer ihre Felsmalereien in den Felsschluchten des Maestrat. Die Blütezeit der iberischen Kultur repräsentieren die Büsten der Dama d'Elx und der Dama de Guardamar, deren kunstvolle Gestaltung Einflüsse aus dem östlichen Mittelmeerraum und dem Orient verrät. Auch Spuren der Römer findet man vielerorts, am deutlichsten in Sagunt, das für die Römer der Ausgangspunkt zur Verdrängung der Karthager von der Iberischen Halbinsel war. Besonders dicht jedoch sind bis heute die Hinweise auf die maurischen Eroberer. Fünf Jahrhunderte lang beherrschten die Araber den spanischen Südosten. Viele Dörfer zeigen noch ihre Handschrift, maurische Burgen thronen majestätisch über den Orten und viele Küstenwachttürme haben sich erhalten, mit denen man das Land gegen Angreifer von See bewehrte. Auch die *horts,* so heißen die valencianischen Gartenlandschaften, sind eine Hinterlassenschaft der nordafrikanischen Eroberer und ihres ausgeklügelten Bewässerungssystems. Der Kampf, den im 13. Jh. unter König Jakob (Jaume) I. von Aragon schließlich die Christen gegen die Mauren gewannen, wird in den farbenfrohen Festen der *Moros i Cristians* immer wieder nachgespielt.

Reiche Museumslandschaft

Einen Beweis für den kulturellen Reichtum der Region stellen die über 200 Museen dar, die von Archäologie und Ethnologie über Wissenschafts- und Industriegeschichte bis hin zur Bildenden Kunst und Ökologie das gesamte Spektrum abdecken. Dabei bleibt es keinesfalls beim rückwärtsgewandten Blick: Wer sich für die spanische Moderne und die Kunst der letzten Jahrzehnte interessiert, wird u. a. im Museum für Zeitgenössische Kunst in Alicante und im IVAM in Valencia fündig. Den Zugang zur Gegenwart und den Ausblick in die Zukunft, in die Welt des 21. Jh., öffnet den Besuchern aller Altersstufen auf anschauliche Weise die Ciutat de les Arts i de les Ciències, die Stadt der Künste und der Wissenschaften in Valencia.

Altea gehört zu den charmanten weißen Dörfern, die der Costa Blanca zu ihrem Namen verhalfen.

Natur versus Beton

Hotels, Apartments und Villensiedlungen liegen wie ein Bollwerk vor dem Meeressaum. Die Spekulation mit Immobilien beschleunigte die Umwidmung landwirtschaftlicher oder naturbelassener Zonen in Bauland. Was als gefeierter Wirtschaftsboom anfing, führte am Ende zu immer größeren Umweltproblemen. Andererseits hat man mittlerweile den Wert der Natur samt Flora und Fauna erkannt und stellt immer neue Landschaftsflächen unter Naturschutz. Zu den wichtigsten Naturparks in der Valencianischen Gemeinschaft gehören neben den Illes Columbretes die küstennahen Feuchtzonen des Parc Natural de la Albufera, des Marjal de la Oliva-Pego und der Salinas de Santa Pola sowie im Landesinneren die Serra de Mariola, die Serra Calderona und der Naturpark Desert de les Palmes.

Impulse für die Zukunft

Nach Jahrzehnten des ungebremsten Wachstums, das Korruption und andere illegale Praktiken begünstigte, ist die Valencianische Gemeinschaft auf der Suche nach anderen Wegen, den Fortschritt zu unterstützen, ohne ihre Identität zu verleugnen. Der Tourismus ähnelt einer Monokultur, die Reichtum schafft, aber auch viele prekäre Jobs, die in der ökonomischen Krise immer schlechter bezahlt werden. Mittlerweile setzt man stärker auf nachhaltige Entwicklung, die auch den Umweltschutz und den Erhalt der Kulturgüter im Blick hat. Zudem wird die Wissenschaft gefördert, so sind Universitäten und wissenschaftliche Institute des Landes Valencia u. a. auf dem Gebiet der Stammzellen- oder der Gravitationswellenforschung führend. Im allgegenwärtigen Obst- und Gemüseanbau fördert man die ökologische Produktion und besinnt sich zurück auf traditionelle Methoden, die eng verbunden sind mit begehrten gastronomischen Spezialitäten, wie z. B. der Paella, die auch zum touristischen Reiz der Region beitragen.

Die Costa Blanca in Zahlen

14,3
Prozent beträgt die Arbeitslosenquote in der Valencianischen Gemeinschaft (Juli 2019).

2
Sprachen sind in der Comunitat/Comunidad Valenciana offiziell anerkannt: Valencianisch und Kastilisch.

22
Naturparks wurden in der Valencianischen Gemeinschaft eingerichtet, einige liegen an der Küste, andere in den Bergen.

3
Provinzen gibt es in der Valencianischen Gemeinschaft: Alacant/Alicante, València/Valencia, Castelló de la Plana.

4
Päpste hatten eine enge Verbindung zu der Gegend, davon zwei Gegenpäpste: Calixt III., Alexander VI., Benedikt XIII. und Clemens VIII.

26
Gebäude in Benidorm sind höher als 100 m. Der Badeort gehört damit weltweit zu den Städten mit den meisten Hochhäusern pro Kopf.

9
Euro am Tag kostet ein Paar Liegestühle am Strand samt Sonnenschirm.

251
Kilometer Strand hat die Costa Blanca. Hinzu kommen 135 km an der Costa de Valencia und 146 km an der Costa del Azahar.

300

Jungfrauen brachte König Jakob I. aus Lleida, um sie mit den Soldaten zu verheiraten, die ihm geholfen hatten, Valencia zu erobern. So erzählt es die Legende.

320

Sonnentage verzeichnet die Costa Blanca.

700

falles brennen in Valencia am 19. März. In Alacant sind es am 24. Juni 200 fogueres.

2000

Musikgruppen soll es in der Valencianischen Gemeinschaft geben.

4000

uralte, riesige Olivenbäume wachsen im Osten der Provinz Castelló.

200 000

Palmen wiegen sich im Palmerar d'Elx im Wind.

9 200 000

ausländische Touristen besuchen jedes Jahr die Valencianische Gemeinschaft.

3 500 000
Tonnen Orangen und Mandarinen werden jährlich rund um Valencia geerntet.

So schmeckt die Costa Blanca

Die Mittelmeerkultur ist eine kulinarische, die Küche steht immer im Mittelpunkt und auch an die Costa Blanca kommen die Reisenden, um es sich schmecken zu lassen. Essen ist Genuss und am liebsten tauscht man dabei seine Erfahrungen aus: im Restaurant oder unter freiem Himmel, auf einer der tausend Terrassen in den Altstadtgassen, an der Uferpromenade oder in den *chiringuitos,* kioskartigen Strandlokalen.

Gemütlicher Start in den Tag

An der spanischen Mittelmeerküste lässt man sich meist Zeit fürs Frühstück, neben Kaffee gehört natürlich frisch gepresster Orangensaft dazu, außerdem ofenwarme süße Brötchen oder geröstetes Brot mit Olivenöl und Tomate, wahlweise auch mit luftgetrocknetem Schinken, am besten *jamón ibérico.* Besonders in Valencia trifft man sich gern zu einem späten Frühstück, dem *esmorzaret,* unterhält sich übers Wetter oder die Weltlage und trinkt vielleicht schon ein Glas Bier oder Wein. Dazu ein paar eingelegte Oliven oder Mandeln und gegrillte Paprika. Bars und Cafés sind ab den frühen Morgenstunden auf Frühstücksgäste eingerichtet, auch in vielen Markthallen bieten Gourmetstände z. B. belegte Baguettebrote oder frisch gemachte Kartoffeltortilla, als Beilage Kürbis, Spargel, Zucchini oder anderes Gemüse aus dem Garten. Zwischen 9 und 11 Uhr ist die perfekte Zeit für ein entspanntes Frühstück, am besten schon draußen, vielleicht mit Meerblick oder aber direkt an der Bar.

Treffen zum tardeo

Manchmal wird einem die Zeit zwischen Frühstück und Mittagessen zu lang. Warum nicht einen Aperitif einschieben? Es findet sich sicher jemand, der mitkommt auf ein Gläschen und eine *picaeta.* Vor

---

SPEZIALITÄTEN

Das Meer und die fruchtbaren Gemüsegärten spielen die Hauptrolle in der traditionellen valencianischen Küche. Dabei ist **Reis** die Grundlage. Gegart, gekocht, geschmort: Es gibt über 100 Zubereitungsarten, vom schwarzen Reis mit Tintenfisch bis zum süßen Reis mit Äpfeln. Am beliebtesten ist die Paella, in vielen Varianten: mit Fleisch, mit Fisch und Meeresfrüchten oder nur mit Gemüse – oder als *arròs amb crosta* mit Ei überbacken. In guten Restaurants muss man für diese ›Königin‹ der valencianischen Küche Zeit mitbringen, auch wird sie oft erst ab zwei Personen serviert.

Fisch und **Meeresfrüchte** werden mit Vorliebe gegrillt oder gebraten. Begehrt sind die Langusten aus Guardamar del Segura, Santa Pola, Benicarló, Peñíscola und Vinaròs sowie die roten Garnelen aus Dénia. Oft reicht man dazu *all-i-oli*-Tunke (Knoblauchmayonnaise) oder *all-i-pebre* (Knoblauch mit Pfeffer).

Im gebirgigen Landesinnern ist **Wild** beliebt, aber auch Lamm und Zicklein, Kaninchen und Huhn. Häufig gibt es dazu eine Tomatensoße und Reis. Typisch sind auch würzige Suppen, Gemüseeintöpfe und Fleischklöße sowie herzhafte Wurstwaren und Käse.

allem am Wochenende dehnen viele Leute den Brauch des *tardeo* auch schon mal bis in die späten Nachmittagsstunden aus, sodass sie direkt zum Abendessen übergehen können.

Mittagsmenü im Angebot

Ab 13 oder 14 Uhr decken Bars und Restaurants ihre Tische fürs Mittagessen, das sich – gerade an Samstagen oder Sonntagen – bis gegen 17 Uhr hinziehen kann. Dabei sind unter der Woche die Preise fürs Tagesmenü deutlich günstiger als am Abend. Sogar die besten Gourmettempel servieren unter der Woche meist ein günstiges Mittagsmenü für ca. 30 €, das drei Gänge und ein Glas Wein oder Wasser umfasst.

Abends wird geteilt

Zwischen Mittag- und Abendessen kehrt in den Lokalen kurzzeitig Ruhe ein, bis dann ab 20 Uhr die ersten Gäste für die *cena* eintreffen, die letzten bleiben bis gegen Mitternacht, am Wochenende meist noch länger. Am Abend stehen wie mittags Fisch- und Fleischgerichte, aber auch Gemüse und Salate auf der Karte und man bestellt oft verschiedene Tapas oder *raciones*, um diese bei einem Landwein mit der Runde zu teilen.

WEIN

Lokale Weine mit dem Herkunftssiegel *Denominació d'Origen Protegida* (DOP) stammen vor allem aus den *comarques* Alt Vinalopó, Vinalopó Mitjà, Alacantí, Alcoià, Comtat und Plana d'Utiel-Requena (▶ S. 76). Zu den valencianischen Weinen gehören Alto Túria, Valentino, Moscatel de Valencia und Clariano (weitere Infos unter www.rutavino.com und www.rutadelvinodealicante.com). Für eine Flasche guten Weines zahlt man im Restaurant ab 15 €. Als Aperitif beliebt ist der süße Fondillón.

VALENCIANISCHE PAELLA

Paella essen ist ein geselliges Unternehmen. Je mehr Mitesser, desto größer die flache Paella-Pfanne (bei 4 Pers. 42–45 cm Durchmesser).

Zutaten für 4 Personen:
500 g Hühnchen (ca. 10 Stücke)
500 g Kaninchen (ca. 10 Stücke)
200 g saisonales Gemüse (grüne Bohnen, Artischocken etc.)
400 g spanischer Rundkornreis
150 g weiße Bohnen
2 mittelgroße reife Tomaten
250 g Schnecken (vorgekocht)
120 ml mildes natives Olivenöl
1 TL Paprikapulver (edelsüß)
einige Safranfäden
1 Zweig frischer Rosmarin
Salz
Wasser (4–5-mal so viel wie Reis)

Fleisch und Gemüse nacheinander in wenig Öl anbraten (Zutaten, die länger brauchen, zuerst). Auch den Reis etwas anbraten, bevor man das Wasser hinzugibt und alles 20–25 Min. köcheln lässt. Der Reis sollte bissfest bleiben.

Ein Glas im Mondlicht

Neben Wein und ›valencianischem Wasser‹ (▶ S. 75) sind handwerklich gebraute oder ökologische Biere immer stärker angesagt. Typisch für die Gegend sind der Mistela, ein süßer Likörwein, und der Anisschnaps Cassalla. Bestellen Sie sich zum Nachtisch einen *cremaet*, einen mit Honig gesüßten Kaffee, der mit Rum flambiert wird.

Ihr Costa-Blanca-Kompass

#2

Zuflucht der Piraten –
Illa de Tabarca

#3

Weißes Gold –
**Salzlagunen
an der Costa Blanca**

HEIMAT DER KORSAREN

Auf
altem
Schienen
weg

#1

Erbe der maurischen
Zivilisation – **der
Palmenhain von Elx**

PALMEN UMARMEN

WOMIT FANGE ICH AN?

Nachrichten
aus der
Vergangenheit

#15

Kunst der Steinzeit –
**Felszeichnungen
im Maestrat**

uneinnehmbar

#14

Päpstliche Residenz –
**Castell del Papa
Luna in Peñíscola**

ORA
ET
LABORA

Schlangen,
Eidechsen und
Delfine

#13

Innere Einkehr –
**Naturpark Desert de
les Palmes**

#12

Vulkanische Stille –
**ein Ausflug zu den
Illes Columbretes**

1 2 3
15 14 13 12

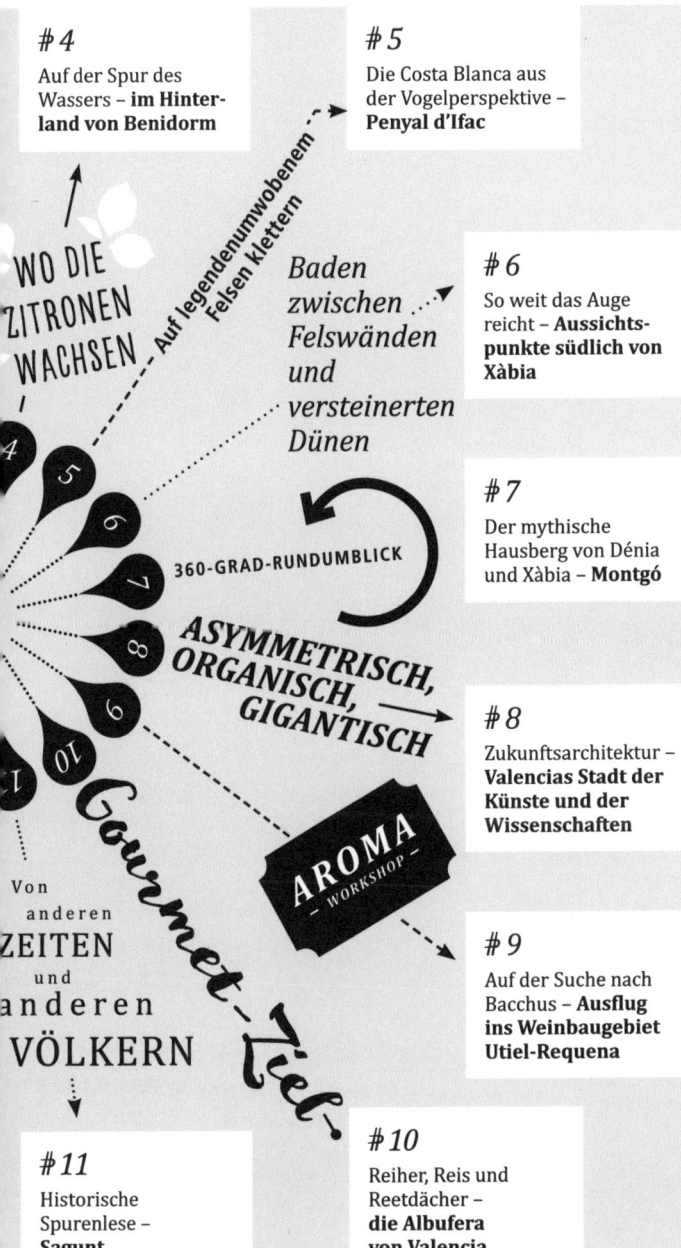

#4

Auf der Spur des Wassers – **im Hinterland von Benidorm**

#5

Die Costa Blanca aus der Vogelperspektive – **Penyal d'Ifac**

WO DIE ZITRONEN WACHSEN

Auf legendenumwobenem Felsen klettern

Baden zwischen Felswänden und versteinerten Dünen

#6

So weit das Auge reicht – **Aussichtspunkte südlich von Xàbia**

360-GRAD-RUNDUMBLICK

#7

Der mythische Hausberg von Dénia und Xàbia – **Montgó**

ASYMMETRISCH, ORGANISCH, GIGANTISCH

#8

Zukunftsarchitektur – **Valencias Stadt der Künste und der Wissenschaften**

AROMA – WORKSHOP –

#9

Auf der Suche nach Bacchus – **Ausflug ins Weinbaugebiet Utiel-Requena**

Von anderen ZEITEN und anderen VÖLKERN

Gourmet-Ziel

#11

Historische Spurenlese – **Sagunt**

#10

Reiher, Reis und Reetdächer – **die Albufera von Valencia**

Costa Blanca

Einfach mal alle Stecker ziehen und nichts als relaxen. Strandleben pur ist hier kein Problem: Liege unterm Sonnenschirm, Eis in der Hand und die Sonne genießen. Zur Abkühlung ab in die Wellen. Abwechslung bietet ein Bummel am Fischerhafen und für Stärkung sorgen die Chiringuitos an der Promenade. Halt! Stopp! Im totalen Faulenzermodus würden Sie an der Costa Blanca doch zu viel verpassen: das Meer aus der Vogelperspektive vom küstennahen Gipfel, weiße Dörfer im Hinterland und kultureller Input in der lebensfrohen Hafenstadt Alicante, wo in der maurischen Burg die Zeitmaschine für Sie schon ›eingesteckert‹ ist.

Alacant/Alicante

🗺 E 9, Cityplan S. 18

Die Stadt lebt vom Meer. Die Häfen und Strände bilden das ganze Jahr über die Lebensadern Alicantes, sowohl für ihre 330 000 Einwohner als auch für die Besucher aus aller Welt. In den bunten Mosaikfliesen des palmenbeschatteten Uferboulevards Esplanada d'Espanya scheinen die Wellen des Mittelmeers weiterzuschwappen. Weit übers Wasser geht der Blick vom Castell de Santa Bàrbara, das auf dem Burghügel Wache hält über die Hauptstadt der Costa Blanca. Zu seinen Füßen die holprigen Gassen der Altstadt, fast unverändert seit arabischen Zeiten.

WAS TUN IN ALICANTE?

Flanieren am Hafen

Parallel zum Ufer spazieren Sie durch den **Parc de Canalejas** und die **Esplanada d'Espanya** entlang. Unterwegs die unbeschwerte Leichtigkeit des Seins genießen: ein Eis essen oder eine Erdmandelmilch *(orxata/horchata)* trinken und dabei einem Konzert im Musikpavillons lauschen. An der Plaza Puerta del Mar beginnt die östliche Hafenmole, auf der das **Museu Volvo Ocean Race** 1 Ihnen die Geschichte des Segelsports

P
PARK

Wo kann man besser Pause machen als zwischen Seen und Kanälen im Schatten von rund 7000 Bäumen? Südlich des Hafens erwartet Sie im San-Gabriel-Viertel die schönste Grünanlage der Stadt: **El Pamerar.**

nahebringt (www.museovolvoocean race.com, im Sommer Di–Sa 11–21, So/Fei 11–15, sonst Di–Do, So/Fei 10–14, Fr/Sa 10–18 Uhr, Eintritt frei).

Durch die Altstadt bummeln

Fast wie auf dem Dorf fühlt man sich in den verkehrsberuhigten Gassen von Santa Cruz (El Barri) und San Antón. Im **Rathaus** 2 kontrastiert Salvador Dalís expressive goldene Skulptur von Johannes dem Täufer mit dem schlichten Bau aus dem 18. Jh. Auch die Räume in der ersten Etage, die Kapelle und der Sitzungssaal stehen zur Besichtigung offen (Mo–Fr 9–13/14 Uhr, Eintritt frei). Über die großen Straßen Mayor bzw. Villavieja, die Hauptschlagader des mittelalterlichen Alicante, gelangen Sie zur **Basílica de Santa Maria** 3, die im 14. Jh. auf den Überresten der arabischen Hauptmoschee errichtet wurde. Auffallend sind ihr barockes Portal sowie die asymmetrischen Türme. Im Inneren findet sich eine valencianische Orgel von 1653 (tgl. 10–13, 18–19.30 Uhr, Eintritt frei). Im Wassermuseum **Museu d'Aigües d'Alacant i els Pous de Garrigós** 4, läuft man durch gigantische Zisternen, die im 19 Jh. aus dem Felsen herausgeschlagen wurden (Pl. Arquitecto Miguel López, www. museoaguasdealicante.es, Di–Fr 10–14, 17/18–20/21, Sa/So 10–14 Uhr, Eintritt frei). Ein Spaziergang durch den **Parc de la Ereta** 5 bringt Sie zur Wallfahrtskapelle **Ermita de Sant Roc** 6 (Diputat Auset 27). Über die Treppengasse San Rafael geht es weiter zur **Ermita de la Santa Creu** 7.

EIN FOTO WIE ANNO DAZUMAL

Wie die ›Minutenmänner‹ vor über 100 Jahren‹ baut **José Luis Navarro** jeden Tag auf der Esplanada Höhe Puerta del Mar seine altmodische Plattenkamera auf, um dem Selfie Konkurrenz zu machen. Direkt vor Ort entwickelt er Ihr gestochen scharfes Schwarz-Weiß-Porträt, das Sie für 5 bzw. 10 € mit nach Hause nehmen dürfen.

Ausguck über der Küste: Das Castell de Santa Bàrbara hoch oben auf dem Gipfel des Monte Benacantil stellt den perfekten Platz dar, um Alicante und das Mittelmeer in alle Richtungen im Blick zu behalten.

Hinauf zur Burg

Entlang der Stadtmauer geht es zur gut erhaltenen maurischen Burg mit tollem Ausblick. Im **Castell de Santa Bàrbara** 8 lässt das Stadtmuseum MUSA die Geschichte Alicantes lebendig werden (T 965 14 71 60, www.castillo desantabarbara.com, TRAM: MARQ/ Castillo, Burg: tgl. Okt.–März 10–20, sonst 10–22 Uhr, MUSA: tgl. 10–14.30, 16–20 Uhr, Eintritt frei). Ein **Aufzug** verbindet den Burgberg Monte Benacantil mit der Platja del Postiguet (tgl. 10–19.20/19.40 Uhr, hoch 2,70 €, Rentner und hinunter gratis).

Kirchenpracht und schattige Plätze

In den Gassen rund um die **Concatedral de Sant Nicolau** 9 trifft man sich fast rund um die Uhr zum *tapeo*. In der Kathedrale von 1662 stechen die Capilla de la Comunión (18. Jh.) und der barocke Kreuzgang hervor. Von außen beeindruckt die Kuppel mit ihrem für die Costa Blanca typischen, blau-weißen Ziegeldach (Pl. del Abad Canónigo Penalva s/n, www. concatedralalicante.com, TRAM: Mercado, Mo–Fr 7.30–13, 17.30–20, Sa 8.30–13, 17.30–20.30, So/Fei 8.30–13.30, 17.30–

20.30 Uhr, keine Besichtigung während der Gottesdienste). Jenseits der Rambla de Méndez Núñez sind die Straßen nicht mehr ganz so schmal, dafür schachbrettartig angelegt. Hier entkommen Sie dem touristischen Trubel und finden schöne Ecken zum Verschnaufen: z. B. die **Plaça del Portal d'Elx** 10. An der nach einem lokalen Schriftsteller benannten **Plaça de Gabriel Miró** 11 sitzt man unter uralten

---

RETTUNG PER FRACHTSCHIFF

Mutig: Ein Kapitän, der sich über die Anordnungen seines Schiffseigners hinwegsetzt und seine Ladung löscht, um mehr als 2600 Flüchtlinge an Bord zu nehmen. So geschehen in Alicante am 28. März 1939. Kurz vor Ende des spanischen Bürgerkriegs brachte Archibald Dickson mit dem britischen Frachter »Stanbrook« verzweifelte Zivilisten ins Exil in die algerische Küstenstadt Oran. Am Beginn der Muelle de Levante erinnert eine **Gedenktafel** an diese Tat.

ALICANTE

Sehenswert

1. Museu Volvo Ocean Race
2. Rathaus
3. Basílica de Santa Maria
4. Museu d'Aigües d'Alacant i els Pous de Garrigós
5. Parc de la Ereta
6. Ermita de Sant Roc
7. Ermita de la Santa Creu
8. Castell de Santa Bàrbara
9. Concatedral de Sant Nicolau
10. Plaça del Portal d'Elx
11. Plaça de Gabriel Miró
12. Museu Arqueològic Provincial d'Alacant (MARQ)
13. Museu d'Art Contemporani (MACA)
14. Museu de Bellas Artes Gravina (MUBAG)
15. Tossal de Manises-Lucentum
16. Universität von Alicante
17. Kulturzentrum Las Cigarreras
18. Kunsthalle Llotja del Peix d'Alacant

In fremden Betten

1. Les Monges Palace
2. Guest House Alicante

Satt & glücklich

1. La Taberna del Gourmet
2. El Piripi
3. Restaurante Plaza Canalla
4. Casa Julio
5. Katana Street Food Corner
6. Kiosco Peret

Stöbern & entdecken

1. Mercat Central
2. Avinguda de Maisonnave
3. Espí
4. Flohmarkt
5. Kunsthandwerkermarkt

Wenn die Nacht beginnt

1. Villavieja 6
2. Sala Euterpe

Sport & Aktivitäten

1. Blue Bike

Birkenfeigen mit Blick auf das schöne Postgebäude.

MUSEEN, DIE LOHNEN

Archäologie des 21. Jh.
Museu Arqueològic Provincial d'Alacant (MARQ) 12

Audiovisuelle Medien lassen den Gang durch die Geschichte zum Erlebnis werden, samt Begegnung mit der iberischen Dama de Guardamar (4. Jh. v. Chr.).

Pl. Doctor Gómez-Ulla 2, T 965 14 90 00, www.marqalicante.com, TRAM: MARQ/Castillo, Mitte Juni–Mitte Sept. Di–Sa 10–14, 18–22, So/Fei 10–14, sonst Di–Fr 10–19, Sa 10–20.30, So/Fei 10–14 Uhr, 3/1,50 €, Kombiticket mit Ruinen von Lucentum, Illeta dels Banyets und Torre de Almudaina 4/2,20 €

Eusebio Semperes Vermächtnis
Museu d'Art Contemporani (MACA) 13

In der barocken Casa de la Asegurada und ihrem avantgardistischen Anbau zeigt das Museum für Zeitgenössische Kunst neben Dalí, Picasso und Miró u. a. Werke der alicantinischen Künstler Eusebio Sempere und Juana Francés.

Pl. de Santa Maria 3, T 965 21 31 56, www.maca-alicante.es, TRAM: Mercado, Di–Sa 10–20, So/Fei 10–14 Uhr, Eintritt frei

Kunst aus Alicante
Museu de Bellas Artes Gravina (MUBAG) 14

Kunst des 16. bis 20. Jh. findet sich im Palast des Grafen Lumiares, schwerpunktmäßig lokale Künstler des 19. Jh.

Gravina 13–15, www.mubag.com, TRAM: Mercado, Di–Sa 10–20, So/Fei 10–14, Juli/Aug. Di–Sa 11–21, So/Fei 11–15 Uhr, Eintritt frei

Ruinen der römischen Stadt
Tossal de Manises-Lucentum 15
In Lucentum (5.–4. Jh. v. Chr.) wurden Überreste der Stadtmauer, der Thermen und des Forum Romanum ausgegraben.

Die **Universität von Alicante** 16 liegt schön im Grünen, ihr Wahrzeichen ist Pepe Azoríns gigantische Hand mit Griffel. Architektonisch interessant sind das avantgardistische Kunstmuseum (www.mua.ua.es) von Alfredo Payá sowie das Rektorat von Álvaro Siza (San Vicente del Raspeig s/n, S-Bahn C-3).

La Albufereta (6 km außerhalb), www.marqali cante.com, TRAM/Bus 9: Lucentum, Mitte Juni– Mitte Sept. Di–Sa 9–13, 18–21, So/Fei 9–13, sonst Di–Sa 10–14, 15.30–17.30, So/Fei 10–14 Uhr, 2/1,20 €, Kombiticket mit MARQ 4/2,20 €

NEUE KULTUR IN ALTEN HALLEN

Wo ist der aktuelle Vibe der Stadt zu erleben? Das **Kulturzentrum Las Cigarreras** 17, eine Tabakfabrik aus dem 19. Jh., bietet den Rahmen für die unterschiedlichsten Aktivitäten (San Carlos 78, www.cigarreras.es, Di–Sa 10–21.30, Juli/Aug. 10–14, 16–21.30 Uhr Uhr), während der alte Fischmarkt, **Llotja del Peix d'Alacant** 18, als Kunsthalle dient (Av. del Almirante Julio Guillem Tato s/n, T 965 92 20 18, So/Fei 10–14, Juli/Aug. Di–Sa 16–21.45, sonst Mo–Fr 9–14, 16–21.45, Sa 10–14, 17–21.45, Uhr, Eintritt frei).

SCHLEMMEN, SHOPPEN, SCHLAFEN

🏠 In fremden Betten

Denkmalschutzgerecht renoviert
Les Monges Palace
Charmantes Jugendstilhotel mit 23
Zimmern und stylisher Dachterrasse in
einem Altstadthaus von 1902.
San Augustín 4, T 965 21 50 46, www.lesmon
ges.es, DZ 65–80 € inkl. Frühstück, Parkplatz
15 €/Tag

Gemütliche Pension
Guest House Alicante ❷
Machen Sie es sich auf Ihrer privaten
Terrasse bequem – wie daheim. Alle
Zimmer mit eigenem Kühlschrank.
Segura 20, T 965 20 33 94, 650 71 83 53,
www.guesthousealicante.com, DZ 45–60 €

🍴 Satt & glücklich

Die Altstadt El Barri gleicht einem riesigen
Straßenlokal. Im Sommer voller Sonnen-
schirme, im Winter wärmen Gasfeuer.
Draußen zu essen ist ein Lebensgefühl.
Ebenso groß ist die Auswahl am Sportha-
fen und am Paseo de la Esplanada.

Terrasse zur Esplanada
La Taberna del Gourmet ❶
Keine Sorge, Sie müssen sich in diesem
Gastronomie-Tempel nicht für eine der
Delikatessen entscheiden. Denn glück-

TARDEAR

In Alicante zelebriert man das
kollektive Vorglühen, so wird das
Nachtleben auf den frühen Abend
vorgezogen. Dabei kombiniert man
die typische *picaeta* (eine Variante
der Tapa) mit frisch gezapftem Bier
oder lokalem Wein. Die Straßen
Castaños, Labradores, San Fernando
und die Plätze San Pascual oder
Santa Faz gehören zu den beliebtesten Stops auf einer Tardeo-Tour.

---

licherweise gibt es hier auch Tapas, so
können Sie Verschiedenes probieren.
San Fernando 10, T 965 20 42 33, www.
latabernadelgourmet.com, tgl. 12.30–24/0.30
Uhr, à la carte ab 40 €

Meeresfrüchte zum Verlieben
El Piripi ❷
Das Restaurant unter der Leitung von
José Juan und Silvia Castelló ist ein
absolutes Muss für Feinschmecker.
Óscar Esplá 30, beim Bahnhof, T 965 61 64 25,
www.piripi.com, tgl. 13–16.15, 20.15–24 Uhr,
à la carte ab 40 €, Reservierung empfohlen

Genuss unterm Ficus
Restaurante Plaza Canalla ❸
Warum nicht den ganzen Tag sitzen
bleiben und sich Frühstück, Mittag- und
Abendessen schmecken lassen? Auch
hausgemachte Desserts und Eis.
Plaza de Gabriel Miró 10, T 965 20 21 28,
www.restauranteplazacanalla.es, Mo–Fr 9–24,
Sa/So 10–1Uhr, ab 25 €

Es schmeckt nach Meer
Casa Julio ❹
Die Füße im Sand, frischen Fisch auf dem
Teller – das ist Urlaubsglück. Das Famili-
enlokal liegt an der Platja de Sant Joan,
einem der angesagten Strände der Stadt.
Avda. de Niza s/n, Platja de Sant Joan, T 965
65 15 70, www.restaurantecasajulio.es, tgl.
13–16.30 Uhr, Menü 20–30 €

Multi-Kulti auf dem Markt
Katana Street Food Corner ❺
Neben bekannten mediterranen Gerich-
ten werden hier asiatische und latein-
amerikanische Spezialitäten wie Sushi,
Ceviche, Tataki oder Austern serviert.
Auch die Weinkarte ist erlesen.
Essensstand 317 auf dem Markt (s. u.) T 965
05 23 38, www.katanastreetfood.com, Mo–Sa
7–16 Uhr, besser reservieren, ab 25 €

Eis und Erdmandelmilch
Kiosco Peret ❻
Seit rund 100 Jahren wird hier Eis verkauft. An heißen Tagen sehr erfrischend
ist die *orxata de chufa*, ein süßes Getränk,
reich an Vitaminen und Mineralstoffen.
Passeig Esplanada d'Espanya

🛍 Stöbern & entdecken

Modernistische Markthalle
Mercat Central
Ein klassisches Drei-Sparten-Haus: Fisch,
Fleisch sowie Obst und Gemüse.
Av. Alfonso X el Sabio 10, Mo–Sa 7–14.30 Uhr

Goldmeile der Mode
Avinguda de Maisonnave 2
Zara, El Corte Inglés, Mango, Massimo
Dutti und H&M fröhlich vereint.

Handgemachter Turrón
Espí 3
Delikatessen wie köstlichen weißen
Nougat und lokale Weine.
Tomás López Torregrosa 17, T 965 21 44 41,
turronesespi.com, Mo–Fr 10.15–14, 16.30–20,
Sa 10.15–14 Uhr

Wochenendmärkte
Samstagsmorgens ist **Flohmarkt** 4
rund um die Stierkampfarena, der
Kunsthandwerkermarkt 5 belebt
die Plaça de Santísima Faz (im Sommer
Fr–So 19–24, sonst So 10–14 Uhr).

✴ Wenn die Nacht beginnt

Die *marcha alicantina* bewegt sich weiterhin durch die unzähligen Bars der Altstadt
sowie über die **Ruta de la Madera**
rund um den Zentralmarkt, wo sich noch
einzelne mit Holz *(madera)* ausgebaute
Rock- und Punkkneipen erhalten haben,
die dieser Zone einst ihren Namen gaben.
›In‹ sind aktuell auch die Bars und Tanz-
säle am Sporthafen **La Marina** und die
Chiringuitos an der **Platja de Sant Joan**
ca. 8 km östlich des Zentrums.

Klassiker für Live-Konzerte
Villavieja 6 ✴
Von Pop über Soul und Rock bis zu Jazz,
Tango, Flamenco und Bossa. Die Wände
sind bewusst unverputzt, um der Loca-
tion einen coolen Touch zu geben.
Villavieja 6, Mi–Sa 19–1/3, So 19–23 Uhr,
T 649 94 79 12, www.facebook.com/Villavieja6,
Eintritt bei Live-Konzerten ab 5 €

ÜBRIGENS

Der **Platz des 25. Mai** ist nach dem
Tag benannt, an dem im Spanischen
Bürgerkrieg 1938 rund 300 Men-
schen einem deutsch-italienischen
Bombenangriff zum Opfer fielen.
Heute entspannt man hier hinter
der Markthalle im Straßencafé oder
kauft Dekoratives an den üppigen
Bumenständen.

Heiße Rhythmen am Stadtrand
Sala Euterpe 2
Die Stimmung im Dorfpub ist immer gut,
besonders voll wird es, wenn am Wochenende Livebands den Laden rocken.
Doctor Ivorra 34, Sant Joan (ca. 8 km nordöstl.
des Zentrums, Tel. 635 83 21 68, www.face
book.com/salaeuterpe, Di–Sa 18.30–1/3.30 Uhr

*Treten Sie ein! Die Arkaden am
Rathausplatz dienen als Pforte in die
verwinkelten Gassen der Altstadt.*

Sport & Aktivitäten

Baden und Beachen
Die feinsandige **Platja del Postiguet** erstreckt sich direkt vor dem Stadtzentrum. In Richtung Norden folgen die **Platja de l'Albufereta** und die **Platja d'Almadraba** sowie kleinere Buchten – darunter die Nudistentreffs **Cala Judíos** und **Cala Cantalars** – und dann die weite, lange **Platja de Sant Joan**.

Fahrradverleih
Blue Bike ❶
Auch geführte Touren und Karten.
Cienfuegos 1, T 674 67 63 62, www.bluebike. es, tgl. April–Okt. 10–14, 17–20, sonst 10–14, 16–18 Uhr, 15 €/Tag

---

INFOS

Touristeninformation: Rambla de Méndez Núñez 41, T 965 20 00 00, www.alicanteturismo.com, Mo–Fr 10–18, Sa 10–14 Uhr. Filialen am Rathausplatz

---

STERNE AUS STAHL

Eusebio Sempere (1923–85) ist der international bekannteste zeitgenössische Künstler aus Alicante. Die **Ruta Sempere** verbindet seine Werke innerhalb der Stadt Alicante und der Umgebung. Dazu gehören die Stahlskulptur »Wie ein Stern« am Ende der Avinguda de Maisonnave, das Straßenpflaster der Avenida Oscar Esplá, das Wandrelief am Flughafen und die riesige, drehbare Pyramide aus Metallstäben am Isleta-Kreisverkehr in La Albufereta. Am Hafen ist die Aufstellung seines stählernen Vogels, geplant, um an das Schicksal der Bürgerkriegsflüchtlinge zu erinnern (▶ S. 17), und der Bahnhof für Hochgeschwindigkeitszüge soll in Zukunft seinen Namen tragen (Flyer unter www.alicante.es).

Unbegrenzte Fahrten mit Bussen und Bahnen des öffentlichen Stadtverkehrs (TAM) plus eine Fahrt mit dem Turibús (13 €/24 Std., 16 €/48 Std., 18 €/72 Std.) erlaubt die **Alicante Tourist Card.**

(Mo–Sa 10–14, 16/17–19/20, So 10–14 Uhr), Flughafen, Bahnhof und Castell de Santa Bàrbara (Mitte März–Mitte Okt.).
RENFE-Züge: Av. de Salamanca s/n, ▶ auch S. 112
FGV-Züge/TRAM: Gratis-T 900 72 04 72, www.tramalicante.es. Moderne S-Bahn mit fünf Linien, Mo–Fr 6–23, Sa/So, Fei 6.15–22.40, Juli/Aug. Fr/Sa rund um die Uhr (nachts TRAMnochador), Einzelticket ab 1,35 €, ▶ auch S. 112
Busse: Av. de Loring s/n, beim Muelle de Poniente, T 965 13 07 00, www. estacionalicante.es. Überlandverbindungen mit Valencia und den Küstenorten, ▶ auch S. 112
Transporte Alicante Metropolitano (TAM): www.alicante.vectalia.es, Einzelticket 1,45 €, wiederaufladbare Móbilis-Karte (2 €) sowie 10-Fahrten-Ticket für 8,70 € in Tabakläden *(estancs)* und Kiosken. Gültig in Bussen und Bahnen. Bus zum Flughafen 3,85 €
Stadtbusse: T 967 21 89 40. Linien 21 und 22 entlang der Strände bis El Campello bzw. Platja de Sant Joan, C-6 zum Flughafen; Fr/Sa nachts Buho-Bus
Turibús: T 965 18 55 00, Mitte März–Mitte Dez. tgl. 10–13, 16–18 Uhr, 13 €. Stadtrundfahrt mit zehn Haltestellen, Abfahrt stdl. ab Pl. del Mar
Fähren: auf die Balearen und nach Nordafrika, ▶ auch S. 113
Taxi: T 965 10 16 11

TERMINE

Romería de la Santa Faz: zweiter Do nach Gründonnerstag, Wallfahrt zum

Die Ausgehfreude der Spanier kombiniert mit dem milden Mittelmeerklima lässt die Straßen Alicantes zum Wohnzimmer werden, oft bis spät in die Nacht. Vor allem junge Leute finden nur schwer den Punkt, nach Hause zurückzukehren.

Kloster Santa Faz (8 km). Frühmorgens pilgern Tausende bei der Kathedrale los. **Fogueres de Sant Joan:** am Vorabend des 24. Juni, www.hogueras.com. In der Johannisnacht erglüht nicht nur der Himmel voller Feuerwerk. Bei der *cremà* werden auf den Straßen *ninots* verbrannt, große Puppen, die satirisch das Zeitgeschehen kommentieren. **Festivals:** Die Hafenpromenade verwandelt sich an manchen Sommerabenden in eine Konzertbühne. Theaterfestivals in der ersten Septemberhälfte und Mitte November. Puppentheaterfestival in der ersten Dezemberhälfte.

IN DER UMGEBUNG

Wandern in der Serra de Maigmó

Durch das Gebirge nordwestlich von Alicante (🗺 D/E 8) verläuft entlang einer nie in Betrieb genommenen Bahnstrecke die **Vía Verde del Maigmó,** ein auch für Radfahrer geeigneter Wanderweg. Er beginnt in **Agost** (🗺 D/E 9) und führt bis zum Pass von Maigmó in der Nähe von Tibi. In Agost lohnt nicht nur das Töpfereimuseum **Museo de Alfarería** (www.museoagost.com) einen Besuch, sondern auch die Keramikwerkstätten und -fabriken, wie z. B. die **Alfarería La Navà** (www.alfarerialanava.com).

In der Umgebung von **Castalla** (🗺 D/E 8), einem architektonisch interessanten Ort mit arabischer Burg und guten Restaurants, sind mehrere Wanderwege ausgeschildert. Weitere Wander- und Radwege finden sich in der Nähe des Weilers **Xorret del Catí** (🗺 D 8).

Tradition im Hinterland

Der Charme von **Alcoi/Alcoy** (🗺 E 8) beruht nicht nur auf seiner schönen Lage zwischen Bergen und Naturparks wie dem Carrascar de la Font Roja und der Serra de Mariola, sondern auch auf einem gut erhaltenen historischen

WEINPROBE

Lassen Sie sich in der Serra de Salines von Maria del Carmen Vega durch den Weinkeller der **Bodega Finca Collado** führen, eines kleinen Familienbetriebs, in dem der Wein traditionell und ohne chemische Zusätze gekeltert wird. Am Ende dürfen Sie verkosten: rot, weiß und rosé. Dazu gibt es Aufschnitt aus der Region (Ctra. Salinas–Villena s/n, T 607 51 07 10, www.fincacollado.com, www.rutadelvinodealicante.com).

TURRÓN

Das Rezept für den weißen Nougat aus Zucker, Honig, Eiweiß und Mandeln stammt noch von den Arabern. Besonders beliebt ist diese Süßigkeit in der Weihnachtszeit. Als Heimat des *turrón* sowie der alicantinischen Eiscreme gilt **Xixona** (箱 E 8).

Ortskern und vor allem einer großen Zahl modernistischer Gebäude. Unter ihnen sticht der **Círculo Industrial** (www.circuloindustrial.es) hervor, der traditionelle Treffpunkt des Bürgertums. Besuchen Sie auch den Stadtpark **La Glorieta,** der 1836 aus den Gärten eines Franziskanerklosters entstand. Die Plaça d'Espanya bildet den Mittelpunkt der Stadt, unter ihr hat Santiago Calatrava die **Llotja de San Jordi** angelegt, ein Kulturzentrum aus Beton und Granit, das an das Skelett eines riesigen Tiers erinnert. Auf der benachbarten **Plaça de Dins** erwarten Sie im neoklassizistischen Kreuzgang des Augustinerklosters Cafés und Kneipen für eine Pause. Zum Fest der *Moros i Cristians* (22./23. April) und zu Weihnachten kommen Tausende Besucher nach Alcoi.

Dorfleben in der Serra de Mariola

Westlich von Alcoi lohnt das Bergdorf **Bocairent** (箱 E 7) mit seinen Landadelshäusern und vielen Brunnen einen Ausflug. Einem römischen Amphitheater nachempfunden ist die aus den Felsen geschlagene Stierkampfarena von 1843. Interessant sind auch die **Covetes dels Moros,** 53 Höhlen im Barranc de Fos, die einst als Wohnungen oder Grabkammern genutzt wurden.

Zwischen Stalagmiten und Stalaktiten

Die Tropfsteinhöhle **Coves del Canelobre** (箱 E 8), 24 km nördlich von Alicante, fasziniert mit kuriosen Gesteinsgebilden. Gelegentlich werden

hier Konzerte aufgeführt (3 km von Busot Richtung Xixona, T 965 69 92 50, www.turismobusot.com, Juli–Ende Aug. tgl. 10.30–19.30, sonst Di–Fr 10.30–16.50, Sa/So, Fei 10.30–17.50 Uhr, 7/3,50 €).

Maurische Burgen am Fluss

Von den über 100 Burgen an der Costa Blanca finden sich die interessantesten am Flusslauf des **Vinalopó** (箱 D 8/9). Die meisten stammen aus der Zeit der Almohaden (11./12. Jh.). Besonders sehenswert sind die in **Sax, Biar, Villena, Castalla, Novelda** und Petrer. In vielen Dörfern geht auch das Straßenbild im Zentrum noch auf die Araber zurück (www.costablanca.org).

Elx/Elche 箱 D 9

Elx mit seinen 230 000 Einwohnern lebt von seinem Ruf als Heimat der Palmen und der Schuhherstellung. Egal ob Sie sich der Stadt in der fruchtbaren Ebene am Riu Vinalopó mit dem Auto oder dem Zug nähern, schon von Weitem sehen Sie den exotischen Grüngürtel aus Parks und Gärten voller Dattelpalmen (▶ S. 26).

Bummel durchs Stadtzentrum

Am Rande des Palmenparks Parc Municipal finden Sie neben der Touristinfo

---

RAUBKATZEN UND SCHIMPANSEN

Die Tiere in der internationalen Auffangstation **Prima Domus** in der Serra de Salines stammen meist aus illegalem Handel bzw. wurden in privater oder gewerblicher Gefangenschaft misshandelt. Nach Voranmeldung sind Besuche möglich, auch wenn es sich um keinen klassischen Zoo handelt (Ctra. Villena–Pinoso km 8,2, T 966 29 06 00, www.aap-primadomus.org, Sa 10–11.30 Uhr, Eintritt 6/3 €).

---

den **Palau d'Altamira** (15. Jh.), auch als Alcàsser del Senyor bekannt. Auf der Flussseite wurden ein Rest der Stadtmauer und der **Torre de l'Homenatge,** ein Burgturm aus arabischer Zeit, in das Gebäude integriert. Heute beherbergt der Palast das **Museu Arqueològic i d'Història d'Elx (MAHE),** das Exponate aus der Bronze- und Kupferzeit, vor allem aber der iberischen, römischen und arabischen Epoche zeigt (Diagonal del Palau 7, T 966 65 82 03, Mo–Sa 10–18, So/Fei 10–15 Uhr, 3 €, So Eintritt frei). Herausragend ist die Reproduktion der Dama d'Elx, deren Herstellung in einem eigenen Saal erklärt wird. Die berühmte Kalksteinbüste aus dem 5. Jh. v. Chr., eine elegante Dame mit schwergliedrigem Schmuck, deren Gestaltung an griechische Skulpturen erinnert, wurde 1897 in L'Alcúdia gefunden, 2 km außerhalb von Elx (▶ S. 29). Die Öffnung auf der Rückseite diente wahrscheinlich für Opfergaben.

Nicht weit ist es zum großen Platz vor der barocken **Basílica de Santa Maria** (18. Jh.), deren blau gefliesten Kuppeln hervorstechen. Vom Kirchturm haben Sie einen wunderschönen Blick auf das Palmenmeer von Elx. Doch den müssen Sie sich erst verdienen: 170 Stufen sind es bis zur Aussichtsplattform (Basilika tgl. 7–13, 17.30–21 Uhr, Eintritt frei; Turm tgl. Juni–Sept. 11–19, sonst 10.30–15 Uhr, 2 €). Der benachbarte **Torre de la Calaforra** entstand im 12. Jh. als Festungsturm der arabischen Stadtmauer (Di–Sa 10–14, 15–18, So/Fei 10–14 Uhr, 2 €, So Eintritt frei). Heute ist eine Seite durch einen ›vertikalen Garten‹ begrünt, neben dem sich eine Gastrobar für eine Erfrischung anbietet. Schräg gegenüber kann man im Passeig de les Eres de Santa Llúcia die **arabischen Bäder** aus dem 12. Jh. besichtigen, die seit dem 14. Jh. zum **Kloster de la Merced** gehören (T 965 45 28 87, Di–Sa 10–14, 15–18, So/Fei 10–14 Uhr, 1 €, So Eintritt frei). Nun brauchen Sie aber eine richtige Pause? Auf zur **Glorieta,** einem Platz voller Blumen und Palmen, deren Schatten sich Bänke und Cafés teilen!

In Bronze verewigt: Gegenüber der Basilika Santa Maria zeigt »El Ternari« eine Szene aus den Mysterienspielen.

ÜBRIGENS

Bei der Dattelpalme tragen nur die weiblichen Bäume Früchte, die männlichen dienen der Bestäubung, die in der Regel durch den Wind geschieht. Zuweilen wird aber auch per Hand nachgeholfen.

INFOS/ÖFFNUNGSZEITEN

Museu del Palmerar
1: Porta de la Morera 12, T 965 42 22 40, Di–Sa 10–14, 15–18, So/Fei 10–14 Uhr, 1 €, So Eintritt frei

Hort del Cura 2: T 965 45 19 36, jardin.huerto delcura.com, Juli–Sept. tgl. 10–19.30/20.30, sonst Mo–Sa 10–17.30/18.30/19, So 10–15/18 Uhr, 5/3 €

Radverleih: In der Touristeninformation (► S. 29), Radverleih nur mit Kreditkarte und Personalausweis oder Führerschein jeweils bis 30 Min. vor Schließung, 5 €/4 Std., 9 €/Tag, 50 € Pfand

Erbe der maurischen Zivilisation – **der Palmenhain von Elx**

Jedes Mal, wenn ich in Elx bin, bekomme ich einfach Lust, behände wie ein Affe hochzuklettern, es mir zwischen den Palmblättern gemütlich zu machen und Datteln zu naschen. Und dabei einzutauchen in ein Meer von 200 000 Baumwipfeln, die mir zuwinken, stolz darauf, zum UNESCO-Welterbe zu gehören.

Hier, in einer der heißesten Zonen Spaniens, fühlt sich die aus dem afrikanisch-asiatischen Wüstengürtel stammende Dattelpalme offensichtlich sehr wohl. Wahrscheinlich pflanzten schon die Phönizier Palmen in Elx an, aber im großen Stil kultiviert und bewässert wurden sie erst von den Arabern.

Struktur einer Oase

Die Bäume bilden innerhalb der Stadt einen rund 2 km langen und 1 km breiten Park. Vom Turm der **Basílica de Santa María** gewinnen Sie einen guten Überblick über diese größte Palmensammlung Europas, die sich das Flussbett des Riu Vinalopó entlangzieht. Die Pflanzungen sind in einzelne *horts (huertas,* Gärten) unterteilt, in denen sich die maurischen Anbau- und Bewässerungstechniken erhalten haben. Einer nordafrikanischen Oase ähnelnd, basiert die Struktur der Anlage auf großen quadratischen Flächen, an deren Rändern die Bäume in einfachen oder doppelten Reihen entlang der Bewässerungskanäle wachsen. Manche der historischen Bäume sind bis zu 200 Jahre alt und 30–40 m hoch.

Schon immer stand die Dattelpalme im Mittelpunkt des Wirtschaftslebens in Elx. Ihre Früchte werden verkauft, ihre Blätter als Palmstroh (*palma blanca)* weiterverarbeitet (► S. 28). Im Sommer klettern die Gärtner an Seilen festgebunden die Stämme hinauf, um die Bäume mit einem großen, sichelförmigen Messer zu beschneiden. Erntezeit der Datteln ist Ende Oktober.

Rundgang zwischen Palmen

Die 3 km lange Tour können Sie auch mit dem Rad machen. Startpunkt ist am Carrer Porta de la Morera das **Museu del Palmerar** 1. In einem Anwesen aus dem 19. Jh. inmitten des historischen Hort de Sant Plácid erfahren Sie mehr über die Geschichte und die Nutzung des Palmenwalds. Etwas weiter, vorbei am Hotel Huerto del Cura, gelangen Sie auf der anderen Straßenseite zum **Hort del Cura** 2, einem botanischen Garten mit mehr als 1000 Palmen.

    Eine ausgeschilderte Route führt weiter durch verschiedene historische Gärten und am Hort del Sol rechts in den Camí Beniardà. Gut lassen sich an der nächsten Kreuzung die typischen Einfriedungen erkennen, die die Gärten voneinander trennen. Über den Camí de la Almazara, den Carrer Curtidors und den Camí de Felip spazieren Sie weiter durch Palmpflanzungen bis zum Stadtpark **Filet de Fora** 3, einem alten *hort*, der mit seinen Teichen und Bänken zu einer Ruhepause einlädt.

Der Palmenhain hat viele Fans, darunter Kaiserin Sisi, die incognito kam.

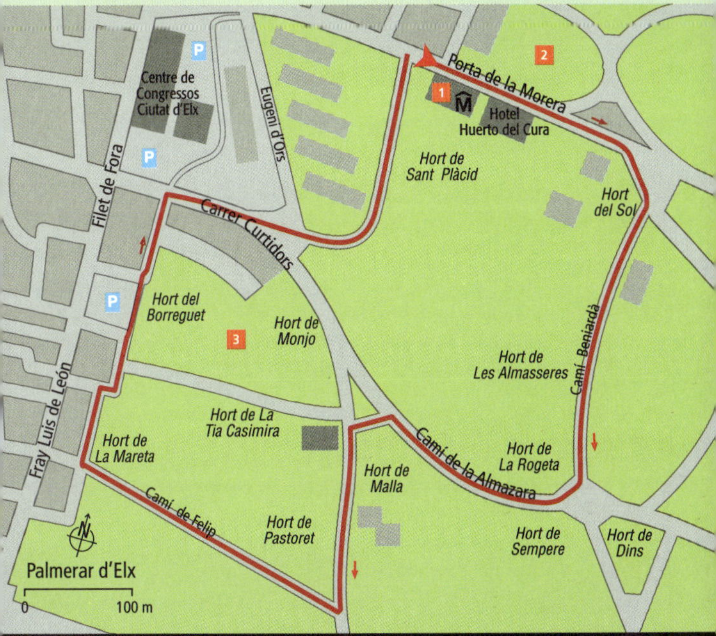

Faltplan: D 9

ÜBRIGENS

Bei der Prozession am Palmsonntag säumen Zehntausende mit riesigen geflochtenen Kunstwerken aus hellgelben Plamenblättern die Straßen. Im **Museu del Palmerar** wird dieses alte Kunsthandwerk genauer vorgestellt (▶ S. 26). Im Geschäft El Cor d'Elx gegenüber kann man in der Werkstatt zuschauen und neben Dattelbrot und anderen lokalen Spezialitäten natürlich auch *palma blanca* kaufen.

Den Fluss entlang nach El Raval
Ehrlich gesagt ist der **Riu Vinalopó** nur ein kleines Rinnsal mitten in einem Flussbett aus Beton, doch auf drei Kilometer Länge sind dessen Boden und Wände bunt bemalt. Laufen Sie diese fantasievolle Bildstrecke entlang nach Süden, so erreichen Sie das El-Raval-Viertel, das sich seinen ganz eigenen Charme bewahrt hat. Geprägt wurde es durch die Mauren, die sich nach der christlichen Eroberung im 13. Jh. in dieses Gebiet außerhalb der Stadtmauern zurückziehen mussten. Im Herzen des Raval zeigt das **Museu Paleontológic (MUPE)** eine Sammlung von rund 1200 Fossilien und anderen Stücken aus der geologischen Vergangenheit der Region Alicante (Pl. de Sant Joan 3, T 965 45 88 03, www.cidarispme.org, Di–Sa 10–14, 15–18, So/Fei 10–14 Uhr, 2 €, So Eintritt frei). An der Plaça Major del Raval liegt das **Museu d'Art Contemporani**, in dem zeitgenössische Kunst aus der Valencianischen Gemeinschaft ausgestellt ist (T 965 42 15 34, Di–Sa 10–14, 15–18, So/Fei 10–14 Uhr, 2 €, So Eintritt frei). Von hier ist es nicht weit zum Palmenhain von Elx (▶ S. 26).

🛏 Oase pur
Huerto del Cura
Hier wohnen Sie idyllisch inmitten von Palmen. Die Bungalows liegen in einer Gartenanlage mit Schwimmbad. Einen verdient guten Ruf hat auch das Restaurant Els Capellans (à la carte ca. 50 €).
Porta de la Morera 14, T 966 61 00 11, www.huertodelcura.com, DZ 100–155 € inkl. Frühstück

🍴 Reisgerichte
Madeira
Wirklich vorzüglich ist die Küche im Madeira, zu den Spezialitäten gehören *arròs negre* (schwarzer Reis) und Paella. Tapas gibt es an der Theke.
Infante Don Juan Manuel 1 (in der Nähe des Huerto del Cura und des Palacio de Congresos), T 965 42 29 67, So abends geschl., à la carte ab ca. 40 €

🍴 Typische Bodega
El Granaíno
Alteingesessene Taverne im andalusischen Stil, berühmt für ihre große Auswahl an Tapas und Tellergerichten.
José María Buck 40, T 966 66 40 80, www.mesongranaino.com, Mo–Sa 10–16, 20–24 Uhr, 14 Tage im Aug. geschl., à la carte ab 40 €

🍴 Mediterrane Inspiration
La Finca
Beste spanische Küche unter der Leitung von Susi Díaz in einem Landhaus mit Gartenterrasse.
Partida Perleta 1–7, Abzweig von der Straße zum Flughafen, T 965 45 60 07, www.lafinca.es, Okt.–Mai Di–So 13.30–15.30, Mi–Sa 20.30–22.30, sonst Di–Sa 13.30–15.30, 20.30–22.30 Uhr, im Jan. 2 Wochen, im April u. Okt. je 1 Woche geschl., à la carte ab 65 €, Menü ab 79 €

🍴 Mitten im Markt
La barra del mercat
Wenn beim Einkaufen der Magen knurrt, ist die Markttheke die Rettung. Ob Tapa oder mehr: frischer geht's nicht.
Avda. de la Comunitat Valenciana 19, T 678 91 55 50, www.labarradelmercat.com, Mo–Mi 7–16, Do–Sa 7–24 Uhr, à la carte ab 20 €

🐦 Vogelbeobachtung
Im Naturschutzgebiet **Parc Natural del Fondo** (🗺 D 10, www.parquesnaturales.gva.es) südlich von Elx ist u. a. Europas größte Krickenten-Population beheimatet.

❶ Infos

Touristeninformation: Pl. del Parc 3,
T 966 65 81 96, www.visitelche.com,
Mo–Fr 9–18/19, Sa 10–18/19, So/Fei
10–14 Uhr. Im Besucherzentrum werden
Videos über die Stadt gezeigt.
Zug: Bahnhof im Norden, beim Parc
Municipal. Nahverkehrszug der Linie C-1
nach Alicante und Orihuela alle 30 Min.,
▶ auch S. 112
Bus: Busbahnhof (T 966 61 50 50) in
der Nähe des Bahnhofs. Verbindungen
zu den Küstenorten La Marina, Arenales
del Sol, Santa Pola und Guardamar del
Segura sowie nach Alicante, Torrevieja
und zum Flughafen, ▶ auch S. 110

⋯⋯⋯⋯⋯⋯⋯⋯⋯⋯⋯⋯⋯⋯⋯⋯⋯

IN DER UMGEBUNG

⋯⋯⋯⋯⋯⋯⋯⋯⋯⋯⋯⋯⋯⋯⋯⋯⋯

Die Heimat der Dama d'Elx

Wo sich heute der **Parc Arqueològic i Museu de l'Alcúdia** (◫ D 9)
befindet, siedelten seit dem Neolithikum
Menschen. Berühmt wurde das im 5. Jh.
v. Chr. von Iberern gegründete Ilici als
Fundort der berühmten Kalksteinbüste
(2 km südl. von Elx, CV-855 Richtung
Dolores, www.laalcudia.ua.es, Di–Sa
10–18/20 Uhr, So nur auf Anfrage, 5/2 €).

Zwischen Affen und Giraffen

Lust auf mehr Exotik? Dann machen Sie
sich auf zum **Río Safari,** einem Frei-
zeitpark mit den verschiedensten Tieren
inmitten eines Palmenhains (◫ E 10,

CV-865, zwischen Elx und Santa Pola,
T 966 63 82 88, www.riosafari.com, tgl.
10–18/19/20 Uhr, 22,50/17 €).

Santa Pola ◫ E 10

**In Santa Pola, zu römischer Zeit
einer der bedeutendsten Häfen der
Küste, dreht sich zwar noch immer
fast alles um den Fischerhafen, von
dem aus auch das Salz aus den nahen Salinen verschifft wird und in
dessen kleinen Werften Sportboote
gebaut werden. Doch heute leben
die rund 31 000 Einwohner zu einem Großteil auch vom Tourismus.**

Leben vom Meer geprägt

Das Zentrum des Orts beherrscht die mas-
sive Wehrburg **Castell de Santa Pola,**
Mitte des 16. Jh. errichtet, um Angriffe
berberischer Piraten abzuwehren. Mit der
Zeit verlor sie ihre ursprüngliche Aufgabe
und diente sogar als Stierkampfarena.
Heute werden die Räume rund um den
großen Waffenhof als **Kulturzentrum**

*Hier sind Sie auf dem Holzweg. Aber
in Santa Pola führt der zum Ziel: ein
schattiges Plätzchen am Strand.*

M
MOSAIKE

Inmitten eines Palmenparks können Sie in Santa Pola die Überreste der römischen **Villa Casa del Palmeral** (4. Jh.) samt farbigen Bodenmosaiken bewundern.

genutzt, u. a. vom **Meeresmuseum**, das die Geschichte der Stadt, des Fischfangs und der lokalen Musik beleuchtet (Pl. de la Glorieta s/n, Di–Sa im Sommer 10–13.30, 18–21, sonst 10–13, 16–19, So 11–13.30 Uhr, 3/1,50 €). Ums Leben im Wasser geht es im **Aquarium** in der Nähe des Hafens (im Sommer tgl. 11–13, 18–22, sonst Di–Sa 10–13, 17–19, So 10–13 Uhr, 3/1,50 €). Nebenan können Sie einen zum **Schiffsmuseum** umgebauten Schleppnetzfischer besteigen (Pl. Constitución s/n, T 965 41 69 16, im Sommer Do–So 18–22, sonst Fr–So ab 11/12 Uhr, nur nach Voranmeldung im Aquarium oder tel., 3/1,50 €). Der

besonders von Seeleuten verehrten Mare de Déu del Carme ist am Hafen eine interessante kleine **Kapelle** gewidmet.

🍴 Vom Meer auf den Tisch
La Cofradía
Fischküche mit Überraschungen. Auch kreative Tapas und Reisgerichte.
Pl. de la Constitució 2, T 965 41 32 59, www.facebook.com/restaurente.lacofradia, Sept.–Mai Di–Do, So 13–16, Fr/Sa 13–16, 20–24, sonst Di–So 13–16, 20–24 Uhr, à la carte ca. 35 €

🐟 Fischereigenossenschaft
Peixateria La Cofradía
Neben Fisch gibt es Salz aus den Salinen und Gewürzmischungen für Paellas etc. Für einen Aufschlag wird der frisch gefangene Fisch im Restaurant La Cofradía (s. o.) direkt für Sie zubereitet (Di–Fr, außer im Sommer).
Muelle 36, Mo 17–21, Di–Sa 9.15–13.30, 17–21 Uhr, im Sommer evtl. abweichend

🚲 Radverleih
Bicimotos Paquito
Am Cap de Santa Pola und in der Salinenlandschaft (▶ S. 36) sind

Von der Torre de Tamarit späht niemand mehr die Küste entlang auf der Suche nach Piratenschiffen. Stattdessen erlaubt der restaurierte Wachturm seinen Besuchern den Ausblick auf Tausende von Vögeln inmitten der Salinen von Santa Pola.

Routen sowohl für Radfahrer als auch für Wanderer ausgewiesen.

Ecke Mayor/Soledad, T 965 41 45 28, www. bicimotospaquito.com, Mo–Fr 9.30–14, 16.30–20.30, Sa 9.30–13.30 Uhr, 7 €/7 Std., 10 €/24 Std., 50 € Kaution

☾ Baden und Beachen
Südlich des Hafens beginnen die Feinsandstrände **Gran Platja** und **Platja Lisa**. Kurz vor der **Platja del Pinet** liegt an der Mündung des Salinenkanals der Nudistenstrand **La Gola**. Nördlich des Hafens finden Sie die **Platja del Levante**, die **Calas de Santiago Bernabéu** und die **Platja del Varadero**. Zu den Stränden von Santa Pola del Este führen Rad- und Wanderwege.

☾ Bootsausflug
Zur Tabarca-Insel ▶ S. 32

❶ Infos und Termine
Touristeninformation: www.turismo santapola.es, Pl. Diputación 6 (beim El Palmeral-Park), T 966 69 22 76, Mo–Fr 10–14, 16–19, Sa 10–14 Uhr u. Pl. Constitución 1 (am Hafen), T 966 69 60 52, Mo–Fr 10–20 Uhr
Mare de Déu del Carme: 16. Juli, pittoreske Meeresprozession

···

IN DER UMGEBUNG

···

Durch die Salinen
Der **Naturpark der Salinen von Santa Pola** (📖 E 10) bildet mit den Lagunen von Torrevieja und La Mata (▶ S. 36) ein wichtiges Vogelrevier, in dem sich zeitweise bis zu 2000 Flamingos versammeln. Die **Torre Tamarit**, ein Küstenwachtturm aus dem 16. Jh., wurde in eine Vogelbeobachtungsstation umgewandelt (N-332, km 83). In einer alten Salzfabrik informiert das **Salzmuseum** über die 800-jährige Geschichte der Salzgewinnung und den Naturpark (Av. de Zaragoza 45, T 965 93 85 90, www. parquesnaturales.gva.es, tgl. 9–14 Uhr, Eintritt frei). Am Weg zwischen den Dünensträndern von Pinet und Tamarit liegen an einer **Salzmole** restaurierte Salzboote.

Sandstrände und Feuchtzonen
Im Norden des Cap de Santa Pola finden sich Sandstrände längs der Küstenstraße Richtung Alicante, darunter die von Dünen gesäumte **Platja del Carabassí** (📖 E 9). Die **Platja de l'Arenals del Sol** weiter nördlich ist 5 km lang, aber teils hässlich bebaut. In der Nähe von Carabassí ist das Feuchtgebiet **Paraje Natural del Clot de Galvany** (📖 E 9) wegen seiner vielfältigen Flora und Fauna ein Ziel für Vogelbeobachter.

Guardamar del Segura 📖 D/E 10

Hauptattraktion des ruhigen Ferienorts mit ca. 15 000 Einwohnern sind die 11 km langen Dünenstrände, die sich bis zur La Gola genannten Mündung des Río Segura hinziehen. Hier liegt der moderne Sporthafen direkt neben dem traditionellen Fischerhafen. Seit dem Mittelalter fördert ein ausgeklügeltes Bewässerungssystem den Gemüseanbau rechts und links des Flussufers.

Auf Spurensuche durch den Ort
Zwischen Dünen und Pinien finden sich im **Parque de Alfonso XIII** die

---

KAMPF GEGEN SANDBERGE

In Guardamar ist man stolz auf den Ingenieur Francisco Mira, auf dessen Initiative hin zu Beginn des 19. Jh. Pinien, Palmen und Eukalyptusbäume gepflanzt wurden, um zu verhindern, dass wandernde Dünen und Sand den Ort unter sich begruben. Mehr Details über dieses Aufforstungsprogramms erfahren Sie in der **Casa-Museu Enginyer Mira** in der Casa Forestal, in der sich auch das Tourismusbüro befindet (Pl. de la Constitució 7, Mo–Sa 10–15 Uhr, 1 € inkl. Archäologisches Museum).

Zuflucht der Piraten –
Illa de Tabarca

Ich habe eine Schwäche für diese winzige Insel, hier anzulanden beamt mich in einen anderen Zustand: nur knapp eine halbe Stunde Fährfahrt vom Festland, doch gefühlt Welten weit weg. Vor allem nachts, wenn sich der Schimmer des Mondlichts auf dem Wasser spiegelt, gibt es keinen Zweifel mehr: Magie ist vollkommen real.

Italienische Siedler

Im 18. Jh. ließ Karl III. das 2 km lange und 400 m breite Eiland mit 68 genuesischen Fischerfamilien besiedeln. Sie sollten helfen, berberischen Schmugglern und Piraten, die hier ihr Unwesen trieben, Einhalt zu gebieten. In der Nähe des kleinen Naturhafens verschanzten sie sich in einem befestigten Ort mit niedrigen Häusern, bunt angestrichen oder weiß getüncht, der sich bis heute fast unverändert erhalten hat.

Mini-Dorf mit Schachbrettmuster

An der Hafenpromenade empfängt Sie das kleine **Museu de Tabarca** 1, das in den alten Lagerräumen der Thunfischhändler mit einer Filmvorführung über Geschichte, Ethnologie und Biodiversität der Insel informiert. Durch die **Porta de Sant**

E
ESSEN

Spötter behaupten, es gäbe mehr Restaurants als Einwohner auf Tabarca. Die Spezialität der Insel ist der *caldero tabarqueño*, eine schmackhafte Reis-Fisch-Platte, zu der Knoblauchmayonnaise gereicht wird.

Rafael bzw. **de Llevant** 2 betreten Sie die mauerumsäumte Siedlung und sehen linker Hand das **Gouverneurshaus** 3, heute ein stimmungsvolles Hotel. In der Nähe liegt der Eingang zur 100 m langen Tropfsteinhöhle **Llop Mari** 4, ein Refugium für Fische und Wasservögel. Zurück zum Dorfplatz und weiter geradeaus erreichen Sie die Petrus und Paulus geweihte **Wehrkirche** 5. Auf der anderen Ortsseite führt die **Porta de la Trancada** bzw. **de Sant Gabriel** 6 zu einem felsigen Küstenabschnitt, vor dem der – zu Fuß durchs seichte Wasser erreichbare – **Illot La Cantera** im Meer ruht, ein Eiland, das als Steinbruch diente.

Inselrundgang

Die Gassen des Orts mit seinen rund 40 Einwohnern haben Sie schnell erkundet, aber diese Insel mit dem Beinamen ›die Flache‹ will zu Fuß erobert werden: Sie müssen so weit laufen, bis keiner mehr zu sehen ist. Außerhalb der Stadtmauern steht östlich des Hafens die 27,5 m hohe, pyramidenförmige **Torre de Sant Josep,** die ehemals als Gefängnis und Wachturm diente. Weiter im Osten dehnt sich eine monotone, baumlose und steinige Zone aus. Ein Wanderweg führt zum **Leuchtturm** und weiter zur weißen Mauer des kleinen **Friedhofs der Genuesen** am Meer. Für den Rückweg sollten Sie die südliche Strecke wählen.

Von Touristenrummel keine Spur, da wird die Straße zum Esszimmer

Seit 1986 gehören die Gewässer rund um die Illa de Tabarca zum ersten geschützten Meerespark Spaniens.

INFOS/ÖFFNUNGSZEITEN
Anfahrt: Erste Abfahrt ab Santa Pola 10 Uhr, spätestens bei Sonnenuntergang kehren die Boote zurück. Im Sommer wird die Strecke stdl. bedient, sonst ca. 4 x tgl. Die Überfahrt, 15–25 Min., kostet 15 €. Von Alicante (19 €) und Torrevieja (23 €) ca. 1 Std. Fahrzeit
Museu de Tabarca 1: T 965 96 01 75, Mi–So 11.30–14, 15.30/16–18/18.30 Uhr, Eintritt frei

RUSTIKALER CHARME
Das Hotel **Boutique Isla de Tabarca** 1 im stilvollen Gouverneurshaus bietet 15

Zimmer mit Meerblick (Arzola 2, T 647 55 00 68, www.hotelislatabarca.com, DZ 80–150 € inkl. Frühstück). Ein schön restauriertes Fischerhaus beherbergt die **Casa La Trancada** 2 (Motxo 12, T 630 50 35 00, www.casalatrancada.com, DZ 80–170 € inkl. Frühstück).

KULINARISCHES FÜR ZWISCHENDRIN
Eine Terrasse mit Hafenblick bietet das **La Almadraba** 1. Kosten Sie hier auch die Langustensuppe (T 965 97 05 87, www.restaurantelaalmadraba.es, tgl. 11.30–17/20 Uhr, Mitte Nov.–Mitte Jan. geschl., um 35 €).

1962 im Kalten Krieg errichtet, ist der **Turm der Amerikaner** mit 375 m die höchste militärische Anlage Europas. Mittlerweile nutzen ihn die spanischen Streitkräfte zur Kommunikation mit ihren U-Booten.

Ruinen der muslimischen Klosteranlage **La Rábita Califal** aus der Zeit der Omaijaden (10./11. Jh.). Ganz in der Nähe haben sich Spuren der phönizischen Hafenstadt **La Fonteta** erhalten (8.–6. Jh. v. Chr.). Auf dem **Burgberg** sehen Sie die Reste eines mittelalterlichen Kastells (13./14. Jh.) und der Stadtmauer. Im **Museum für Archäologie, Ethnologie und Paläontologie** steht u. a. eine Kopie der Dama de Guardamar (▸ S. 18, Casa de Cultura, Colón 60, T 965 72 86 10, www.magmuseo.com, Di–Sa 11–14.30, 17.30–20.30 Uhr, 1 €).

🏠 **Ruhiges Hotel am Strand**
Hotel Meridional
Auch das Restaurant verwöhnt Sie – mit Reisgerichten auch Hummer (Menü ab 27 €). Danach lockt ein Drink in der Sky Bar auf dem Dach (tgl. 19–1.30 Uhr).
Av. de la Libertad 64, T 965 72 83 40, www.hotelmeridional.es, DZ inkl. Frühstück 100–160 €

🌊 **Baden und Beachen**
11 km Feinsandstrand sind Guardamars Trumpf. **Els Tossals** am nördlichen Ufer des Segura ist Treffpunkt der FKKler.

🌊 **Radverleih**
La Bicicletería de Guardamar
Routenvorschläge können Sie sich im Touristenbüro (s. u.) besorgen.
Ausias March 126, T 666 14 78 61, www.labicicleteriadeguardamar.com

ℹ️ **Infos und Termine**
Touristeninformation: Pl. Constitución 7, T 965 72 44 88, www.guardamar

turisme.com, Mo–Sa 10–14.30/15, 17/18–19/21 Uhr
Setmana Gastronòmica de la Nyora i el Llagostí: Kulinarische Woche in der ersten Junihälfte
Moros i Cristians: zweite Julihälfte. Großer Festumzug und nachgestellte Eroberung der maurischen Burg

Torrevieja 📖 D 10

Dem Wasser entkommen Sie nicht in Torrevieja (83 000 Einw.) nicht: auf der einen Seite das Meer, auf der anderen der Naturpark mit den Salzlagunen (▸ S. 36). Am Fischerei- und Sporthafen ist immer Betrieb, aber vor allem ist der Ort am Südrand der Costa Blanca als Urlaubsziel für Familien bekannt und dementsprechend rahmen Feriensiedlungen und Hotelblocks die attraktiven Strände über eine Länge von 14 km.

KOSTSPIELIGE BAUPROJEKTE

In den Jahren des wirtschaftlichen Aufschwungs entstanden in Torrevieja bedeutende Avantgarde-Gebäude, wie das von der Berliner Philharmonie inspirierte **Internationale Auditorium,** das **städtische Theater,** der **Musikpalast** oder das **Kulturzentrum Virgen del Carmen.** Natürlich gab es auch kritische Stimmen, die das für Geldverschwendung hielten. Das dramatischste Beispiel dafür ist eine Kurbadanlage mit künstlichen Dünen, die als **La Caracola de Toyo Ito** bekannt wurde, benannt nach ihrem Architekten. Das 1,5 Mio. Euro teure Gebäude durfte niemals den Betrieb aufnehmen, weil es in einem Naturschutzgebiet stand. Bei einem Brand wurde es 2012 zerstört und ragt nun wie ein Gespenst in die Landschaft nahe der Lagune von Torrevieja.

Das Meer, das Salz und die Stadt

Die **Strandpromenade** wurde zur Fußgängerzone umgestaltet mit Treppen hinab zu den kleinen Naturschwimmbecken, die sich überall an der Steilküste finden. Sie endet am Hafen an den **Eras de la Sal,** der Salzmole aus dem 18. Jh. Ganz in der Nähe ist das **Museo del Mar y de la Sal,** das die Geschichte der Stadt und ihre Verbindung zum Meer sowie das Thema der Salzgewinnung und seiner weltweiten Verschiffung veranschaulicht (Patricio Pérez 10, T 966 70 46 43, So–Di 10–13/14, Mi–Sa 10–14, 16.30–20.30 Uhr, Eintritt frei). Einen Besuch lohnt auch das modernistische **Casino de Torrevieja,** ein Kulturzentrum im neo-maurischen Stil mit Café direkt am Hafen (Paseo de Vista Alegre 14, tgl. 9–23 Uhr).

Schwimmende Museen

Wie eng ist es in einem U-Boot wirklich? Wenn Sie sich diese Frage schon mal gestellt haben, sollten Sie den **Submarino S-61 Delfín** besuchen, ein 2004 ausgemustertes Schiff der spanischen Armada. Auch das ehemalige Boot der Küstenwache **Patrullera Albatros III** liegt seit 2006 als Museumsschiff an der Fischermole im Hafen von Torrevieja (Mi–Sa 9–14 Uhr, Fei, Weihnachtsferien und bei Regen geschl., 2 €).

⌂ Familiär
Hotel Cano

Inhabergeführtes, kleines Hotel mit schlichter Einrichtung, 300 m vom Strand. Mit Klimaanlage und WLAN.
Zoa 53, T 966 70 09 58, www.hotelcano.com, DZ ab 45 €

🍴 Stilvolle Pizzeria
Belle Époque

Schöne Terrasse auf der Fußgängerzone in der Altstadt, im Inneren holzvertäfelt. Neben italienischer Küche schmecken hier auch Reispfannen und lokale Gerichte hervorragend.
Canónigo Torres 20, T 965 71 20 90, Juni–Aug. Mo 19–23.30/24, Di–So 12–16, 19–23.30/24, sonst So–Do 12–16, Fr/Sa 12–16, 19–23.30/24 Uhr, à la carte ab 25 €, Mittagsmenü 12 €

🛍 Bunte Auswahl
Markt

Fr vormittags in der Avenida Delfina Viudes beim Parque Acuático und Mi vormittags in La Mata. Hier findet man auch die ortstypischen Salzschiffe.

☼ Die Nacht zum Tage machen

In Torrevieja verwandeln sich viele Restaurants nach dem Essen in entspannte Chill-out-Lounges. An den **Platjas de los Locos** und **de los Náufragos,** in **La Mata** und am **Paseo de Juan Aparicio** wird im Sommer und an Wochenenden oft bis in die Morgenstunden gefeiert. Den Disco-Pubs im Stil der 1980er-Jahre rund um die **Calle Apolo** in der Altstadt machen die modernen Bars und Diskotheken am **Sporthafen** Konkurrenz.

☾ Baden und Beachen

Am belebtesten sind die feinsandigen Strände zwischen Sport- und Fischerhafen. Richtung Urbanización **Cabo Cer-**

An der Costa Blanca gehört die palmenbestandene Promenade zum Stadtstrand wie der Topf zum Deckel.

Weißes Gold –
Salzlagunen an der Costa Blanca

Einst ratterten hier Züge entlang, die Salz transportierten. Nun verläuft im alten Gleisbett eine vía verde, ein Radweg, der Sie durch die bizarre Lagunenlandschaft von Torrevieja und La Mata führt, die Tausenden Vögeln eine Heimat bietet. Wegen ihrer ökologischen Bedeutung wurde die Gegend 1989 zum Naturpark erklärt.

Salz aus den Salinen

Die Salzgewinnung geschieht hier auf natürlichem Weg, da die Salzseen als Verdunstungspfannen für das Meerwasser dienen. Die Lagunen von Torrevieja und La Mata bedecken ein insgesamt 26 km langes Areal und bilden ein zusammenhängendes System: Der See von La Mata, auch *laguna verde* (grüne Lagune) genannt, ist durch einen künstlichen Kanal mit dem Meer verbunden. Öffnet man die Kanalschleusen, wird La Mata, das 10 m unter dem Meeresspiegel liegt, auf ›natürliche‹ Weise von Meerwasser überflutet. Dieses erwärmt sich und wird dann durch weitere Kanäle zur ›rosa Lagune‹ von Torrevieja geschleust, wo sich die Salzkristalle ausbilden.

Um den Kristallisierungsprozess zu beschleunigen, gibt man Steinsalz zu, das durch eine Art Pipeline über 50 km aus dem Dorf El Pinoso im Landesinnern zugeleitet wird. Die Salzproduktion läuft von Anfang Juni bis zum Ende des Herbstes, rund 700 000 t werden dabei pro Jahr gewonnen.

Radeln entlang der Bahngleise

Die Tour beginnt am **Parque de la Estación** [1], der auf dem Gelände des alten Bahnhofs von Torrevieja angelegt wurde. Einige der Bahnhofsgebäude dienen heute als Habanera-Museum (z. Zt. geschl.) bzw. als Ausstellungsräume. Ein kleines Stück Gleise und ein paar Bahnschwellen erinnern daran, dass hier früher Züge fuhren. Die

Neben den Lagunen türmen sich riesige Salzberge auf.

Die Möglichkeiten zur Vogelbeobachtung im Naturpark sind hervorragend, u. a. trifft man auf Korallenmöwen und Dünnschnabelmöwen. In Schwärmen von 2000 bis 3000 Tieren machen Rosaflamingos und Schwarzhalstaucher auf ihrer Reise gen Süden in der Laguna de la Mata Halt. Die Ausscheidungen der Vögel bereichern de facto den Mineralhaushalt der Salinen.

Bahnlinie verband Torrevieja mit dem Dorf Albatera und wurde Ende des 19. Jh. gebaut, um Salz bis zum Hafen von Alicante auf der Schiene transportieren zu können.

Folgen Sie zunächst der *vía verde* im alten Gleisbett des Salzzugs. Der erste, asphaltierte Teil führt durch ein Wohngebiet, später ist der Weg ungepflastert und wird von Schilfrohr gesäumt. Auf der linken Seite türmen sich die Salzberge an der Salzfabrik der Salinas de Torrevieja auf. Die Strecke führt parallel zum Ufer der Laguna de Torrevieja, links vom Weg zweigen schmale Pfade zum See ab.

Nach fast 7 km stößt die *vía verde* auf die Straße nach Montesinos (CV-945). Hier biegen Sie rechts ab, nach ca. 300 m überqueren Sie an einem Kreisverkehr die Straße von Torrevieja nach Crevillent (CV-905) in Richtung Laguna de La Mata. Anstatt weiter geradeaus zu fahren zum Verbindungskanal zwischen den Lagunen, zweigen Sie an einem Vogelbeobachtungsposten kurz vor der alten Pumpstation, der **Casa de Máquinas 2**, rechts ab auf den etwa 6 km langen Weg, der entlang der Laguna de la Mata zum **Informationszentrum des Naturparks 3** führt.

Achten Sie auf dem letzten Stück auf die Weinstöcke in der Landschaft, an denen vorwiegend Moscatel-Trauben wachsen, die als Tafeltrauben verzehrt werden, sowie weiße Merseguera-Trauben, aus denen der La-Mata-Wein gekeltert wird. Er gilt als biologisch angebaut, da er aus einem Naturpark stammt.

Hinter dem Besucherzentrum gelangen Sie zur Siedlung La Mata und zu einem Kreisverkehr an der N-332, wo es rechts auf einer großen Straße zurück nach Torrevieja geht. Schöner ist jedoch die Strecke über kleinere Straßen immer parallel zur Küste bis zum Hafen von Torrevieja. Hinter dem Jachtklub kreuzen Sie einen kleinen Kanal, an dem entlang es rechts zurück zum Ausgangspunkt am alten Bahnhof geht.

INFOS/ÖFFNUNGSZEITEN

Radtour: Länge ca. 23 km, Dauer ca. 2 Std.
Centre de Visitants del Parc Natural de la Mata-Torrevieja 3: N-332, T 965 72 16 50, parquesnaturales.gva.es, Mi–Fr 9.30–14, Sa/Fei 9–13 Uhr, Eintritt frei
Radverleih Ciclos Acequión 1: Av. Dr. G. Marañón 18, T 966 70 68 11, www.ciclosace quion.com, ab 10 €/Tag

KULINARISCHES FÜR ZWISCHENDRIN

Hungrig geradelt? Köstlicher Fisch oder gegrillte Zicklein und ein guter Wein erwarten Sie im **El Mesón de la Costa 1** (Ramón y Cajal 27, T 966 70 35 98, www. elmesondelacosta.com, Di–So 10.30–17, 19–24, Mittagessen ab 13 Uhr, à la carte ab 40 €).

LAS HABANERAS DE TORREVIEJA

Die Salzschiffe von Torrevieja
fuhren im 19. Jh. bis nach Kuba
und brachten von dort karibische
Rhythmen mit nach Hause, die
sich zum Markenzeichen des Ortes
entwickelten. Im Juli lädt die Stadt
zum internationalen Wettbewerb
Habaneras y Polifonía an der
alten Salzmole am Hafen ein sowie
zur Konzertreihe **Noche de Habaneras en la Playa** am Strand Playa
del Cura (www.habaneras.org).

---

vera findet man kleinere Buchten und
weiter nördlich die angenehmen Strände
von **La Mata.** An der kleinen **Cala
Ferris** im Süden von Torrevieja fällt es
jenseits der bebauten Zone leicht, den
Touristenrummel zu vergessen: weißer
Sand, kristallklares Wasser und Palmenhaine zwischen flachen Dünen.

☁ Wassersport
Informationen zum Segeln, Tauchen
etc. findet man unter www.sensaciones
nauticas.es und www.torreviejanautical
experience.com.

❶ Infos und Termine
Touristeninformation: Paseo de Vista
Alegre s/n, T 965 70 34 33, www.turis
modetorrevieja.com, Mo–Fr 9–19/20, Sa
9.30–13 Uhr
Semana Santa: Osterfeierlichkeiten mit
Prozession am Abend des Karfreitag
La Purísima Concepción: 1.–17. Dez.
Nächtliche Prozession am 8. Dez.

Orihuela 🗺 D 10

**Die Stadt mit rund 76 000 Einwoh-
nern liegt am Unterlauf des Riu
Segura, der eine fruchtbare Ebene
bewässert, in der neben Gemüse,
Orangen und Zitronen auch Baum-
wolle, Mandel- und Olivenbäume
wachsen. Oben auf dem San-Mi-
guel-Berg thronen die Überreste**

der Burg, die noch aus der Zeit
der Westgoten (8. Jh.) stammt.
Zwischen Fluss und Berg erstreckt
sich der historische Stadtkern, mit
zahlreichen Palästen, Kirchen und
Klöstern einer der prächtigsten der
Valencianischen Gemeinschaft.

Historisches entdecken im Zentrum
An der kleinen Plaza Salvador liegt der
Eingang zur **Kathedrale,** die ab dem
14. Jh. im Stil der katalanischen Gotik
über den Resten einer Moschee errichtet
wurde (Mo–Fr 10.30–14, 17–18.30,
Sa 10.30–14 Uhr, 2 €). Gleich nebenan
steht der barocke **Bischofspalast** aus
dem 18. Jh. Durch dessen Kreuzgang
erreichen Sie das **Diözesanmuseum**
mit Gemälden u. a. von Velázquez
(www.museodeartesacro.es, Di–Sa
10–14, 16/17–19/20, So/Fei 10–14
Uhr, 4/2 €). Die Turmuhr der gotisch-
barocken Kirche **Santa Justa y Rufina**
(14.–18. Jh.) wurde 1439 als eine der
ersten in Spanien in Betrieb genommen.
Im Keller der **Casa del Paso,** einem
gotischen Gebäude, das zur Universität
Miguel Hernández gehört, sieht man
im **Museo de la Muralla** neben Teilen
der alten Stadtmauer archäologische
Überreste von Bädern und Wohnräumen
aus islamischer Zeit (Di–Sa 10–14,

TEUFELIN

Wovor fürchten sich die Kinder
in Orihuela? Vor der »Diablesa«
natürlich – einem androgynen
Wesen mit dem Gesicht eines Man-
nes, weiblichen Brüsten, Hörnern,
langem Schwanz und Flügeln, das
zum Prozessionsaltar »Triumph des
Kreuzes« aus dem 17. Jh. gehört. Da
diese einzigartige Skulptur in keine
Kirche getragen werden darf, steht
sie außerhalb der Karwoche im **Ar-
chäologischen Museum** (Hospital
3, Di–Sa 10–14, 16/17–19/20, So/
Fei 10–14 Uhr, Eintritt frei).

MIGUEL HERNÁNDEZ

Einer der wichtigsten spanischen Dichter des 20. Jh. wurde 1910 in Orihuela geboren. Als Soldat kämpfte er im spanischen Bürgerkrieg gegen den Faschismus, wurde nach dem Sieg Francos zum Tode bzw. zu lebenslanger Haft verurteilt und starb 1942 im Gefängnis in Alicante. Die **Ruta Miguel Hernández** führt Sie u. a. zu seinem ehemaligen Wohnhaus, der **Casa Museo de Miguel Hernández** (Di–Sa 10–14, 16/17–19/20, So/Fei 10–14, Eintritt frei), und seiner Schule, dem **Colegio de Santo Domingo** mit einem sehenswerten barocken Kreuzgang (Di–Fr 9.30–13.30, 16/17–19/20, Sa 10–14, 16/17–19/20, So/Fei 10–14 Uhr 2/1 €). Ein Abstecher ins **San-Isidro-Viertel** lohnt wegen der über 150 Wandgemälde, die durch Miguel Hernández' Leben und Werk inspiriert wurden. Jeder der insgesamt 18 Punkte der Ruta Miguel Hernández (Flyer im Touristenbüro) ist mit einer Gedenktafel gekennzeichnet samt QR-Code für Zusatzinformationen.

16/17–19/20, So/Fei 10–14 Uhr, Eintritt frei). Vorbei am **Rathaus** und dem **Rubalcava-Palast** geht es weiter zu zwei der bedeutendsten Kirchen der Stadt: zur **Iglesia de Santiago** und zum **Santuario de Nuestra Señora de Monserrate**.

Erholung im Grünen
Der **Palmenhain von Orihuela** ist – nach dem von Elx – der zweitgrößte Europas. Er fungiert als grüne Lunge und seine Ursprünge samt Bewässerungssystem reichen zurück in arabische Zeit.

🌊 Baden und Beachen
Zum Gemeindegebiet von Orihuela gehören zahlreiche schöne Feinsandstrände, darunter **Punta Prima, Platja Flamenca, Cabo Roig, La Zenia** und **Campoamor**.

❶ Infos und Termine
Touristeninformation: Pl. de la Soledad 1, T 965 30 46 45, www.orihuelaturistica.es, Mo 8–14, Di–Fr 8–14, 17–20, Sa/So/Fei 10–14 Uhr
Semana Santa: Karsamstagsprozession zur Grablegung Christi

Auf der Schule des Santo-Domingo-Klosters lernte der Dichter Miguel Hernández seinen Freund Ramón Sijé kennen, zu dessen Tod er eines der ergreifendsten Gedichte der spanischen Literaturgeschichte verfasste.

La Vila Joiosa/ Villajoyosa 🗺 F 8

Die Gassen der hübschen Altstadt von La Vila Joiosa (33 500 Einw.) führen alle zum Meer. Auffällig sind vor allem an der Strandpromenade die farbigen Hausfassaden in Ocker, Grün, Rosé oder Indigo, die die Bedeutung des Ortsnamens unterstreichen: die fröhliche Stadt. Vielleicht ist das das Geheimnis ihrer langen Geschichte: Schon vor den Römern und den Arabern zog es die Phönizier und die Iberer an diesen Ort.

Am Wasser entlang

Ein schöner Spaziergang führt entlang der Strände von der Mündung des Amadorio, an dessen Ufer die bunten Häuschen wie aufgehängt wirken, vorbei am alten Dorfkern bis zum **Hafen,** den sich Fischer und Sportsegler teilen. Den Weg säumen unzählige Tavernen, in deren Kochtöpfen meist Reis mit Fisch von der heimischen Fischbörse landet.

Warum sind die Häuser so bunt? Damit die Fischer besser erkennen können, wohin sie zurückkehren müssen.

ARCHÄOLOGISCHES

Am Anfang der Calle Canalejas wurden die weitläufigen **Thermen** der römischen Stadt Allon ausgegraben. Weitere Überreste finden sich entlang der Küste: in Richtung Alicante das **iberisch-römische Heiligtum** von La Malladeta (4. Jh. v. Chr.) und in Richtung Benidorm die Torre de San Josep (2. Jh.), ein **römischer Bestattungsturm** auf einem Ausguck über der Küste. Das Wrack der »Bou Ferrer«, eines **römischen Handelsschiffs,** das im 1. Jh. beladen mit Fischsauce und Bleibarren vor der Küste sank, können Sie in geführten Tauchgängen erkunden (Infos im Tourismusbüro ▶ S. 41 oder im Tauchzentrum Alisub im Club Náutico, T 966 81 01 07, www.ali-sub.com).

Bummel durch die Altstadt

Zwischen kleinen Plätzen und gewundenen Gassen finden Sie die Wehrkirche **La Asunción** (16. Jh.) sowie die Reste der **Stadtmauer,** auf denen zahlreiche Häuser erbaut wurden. Nördlich der Avenida del País Valencià haben sich in den Straßen Canalejas und Colón einige sehenswerte Gebäude und Paläste aus dem 19. und 20. Jh. erhalten. Darunter das **Xalet Centella** mit der Touristeninformation und das avantgardistische **Vilamuseu,** das über die Geschichte und die Bevölkerung des Ortes berichtet. Zu den ungewöhnlichsten Ausstellungsstücken zählen ägyptische und etruskische Teile, die über phönizische Handelswege hierher gelangten, darunter eine bunt verzierte Vase aus dem Ei eines Vogelstrauß (Colón 57, T 966 50 83 55, www.vilamuseu.es, Di–Sa 10–19, Mitte Juni–Mitte Sept. 10–14, 18–21.30, So/Fei 10–14 Uhr, 3/1,50 €, So Eintritt frei).

🏠 Zauberhaftes Design
Rosal B&B

Charmantes kleines Hotel mit moderner Innendekoration, die die architektonischen Besonderheiten des Altstadthauses aus dem 19. Jh. berücksichtigt.

Pl. Església 2, T 965 04 20 79, www.rosalbandb.com, DZ ab 70 € inkl. Frühstück

🍴 Reissspezialitäten
Hogar del Pescador
Historisches Fischrestaurant am Sporthafen mit Meerblick.

Av. del Puerto s/n, T 965 89 00 21, www.hogardelpescador.com, Mo–Sa 13.30–16.30, 20.30–23, So 13.30–16.30 Uhr, à la carte ab 40 €

🍴 Traditionelle Schiffsküche
Taberna Tres14
In ihrer gemütlichen Taverne servieren Jaume Pinet und Meri Fisch, Reis und Tapas, so wie sie auf den Fischerbooten ihrer Familie zubereitet wurden.

Colón 45, T 966 85 13 83, www.tabernatres14.com, Di–So 13.30–15.45, 20–23 Uhr, Menü ab 35 €

🏊 Baden
Außer dem Strand direkt im Ort sind die kleinen ruhigen Buchten **La Caleta** und **Bol Nou** in Montíboli beliebt. Sportler zieht es zur **Platja Paraís** mit Palmen und Strandrestaurants, Angler

S
SÜSSES

Von den ehemals über 30 Schokoladenfabriken in La Vila Joiosa sind nur noch wenige übrig. Trotzdem werden hier jedes Jahr noch rund 20 000 t Schokolade hergestellt und in alle Welt verkauft. Die meisten Fabriken kann man besichtigen. Ich empfehle Ihnen einen Besuch mit anschließendem Hamsterkauf bei **Chocolates Pérez,** einem kleinen Familienunternehmen, das seit über 125 Jahren Schokolade ganz traditionell herstellt (Partida Mediases 1, www.chocolatesperez.com, Mo–Fr 9.30–13.30, 17–19, Sa 9.30–13.30 Uhr, Eintritt frei).

und Taucher zur felsgefassten Bucht **Racó de Conil.**

ℹ️ Infos und Termine
Touristeninformation: Colón 40, T 966 85 13 71, www.lavilaturistica.com, Mo–Fr 9–20, Sa/Fei 9–14 Uhr
Moros i Cristians: 24.–31. Juli. Maurischer Angriff von See und Abwehrschlacht der Christen am Strand
Mostra de Cuina Marinera de La Vila Joiosa: im März, www.lavilagastronomica.com. Gastronomische Wochen
La Pebrereta: Anfang Juni, Pl. de la Llum. Kochwettbewerb rund um eine lokale Spezialität aus Thunfisch, grünen Tomaten, Paprika und Kürbis
Xocolatíssima: Mitte Aug. Fest in der Altstadt zum Thema Schokolade
Setmana de l'Arròs: 1. Septemberhälfte. Eine Woche lang steht Reis im Fokus.

Benidorm

📍 F 8, Cityplan S. 42

Wenn es eine spanische Stadt gibt, die als Synonym für Massentourismus herhalten muss, dann ist es Benidorm. Tatsächlich verdankt sie das der Vision einiger Unternehmer und Politiker, die in den 1950er-Jahren, mitten in der Franco-Zeit, einen Schritt nach vorn wagen wollten. Sie zettelten eine städtebauliche Revolution an, die aus einem kleinen Fischerdorf eine Stadt mit 70 000 Einwohnern machte, in der im Sommer über 400 000 Menschen wohnen.

······························
WAS TUN IN BENIDORM?
······························

Das Stadtzentrum erkunden
Auf einer Felsnase, die sich ins Meer schiebt, der Punta Canfali, liegt der alte Ortskern, dessen Lebensader der **Passeig de la Carretera** ist. Die schmalen Straßen erinnern noch an das ehemalige Fischerdorf, doch heute bummeln Sie hier durch eine große Fußgän-

BENIDORM

Sehenswert
1 Sant Jaume i Santa Anna
2 Mirador del Castell
3 Rathaus
4 Gran Hotel Bali
5 Intempo

In fremden Betten
1 Hotel Canfali
2 Hotel Fetiche

3 La Cala

Satt & glücklich
1 Calle Santo Domingo
2 La Cava Aragonesa
3 La Rana
4 Mal Pas
5 Ulía

Stöbern & entdecken
1 Flohmärkte

2 Mercadillo Pueblo

Wenn die Nacht beginnt
1 Disco-Pubs
2 Zona Inglesa
3 Riesendiscos

Sport & Aktivitäten
1 Cable Skí Benidorm

gerzone voller Kneipen, Restaurants und Läden jeder Art. Halten Sie sich Richtung Meer, so kommen Sie zur Kirche **Sant Jaume i Santa Anna** 1 aus dem 18. Jh. und zum **Mirador del Castell** 2. Wer an diesem Aussichtsbalkon auf den Resten einer Burganlage überm Meer kein Foto macht, ist blind oder hat keine Kamera dabei. Auf der anderen Seite der Altstadt spannt sich das moderne **Rathaus** 3 wie eine Brücke über den lang gestreckten Parc de l'Aigüera, den der katalanische Architekt Ricardo Bofill Ende der 1990er-Jahre hier anlegte. In die Fenster des Gebäudes sind die Namen aller damaligen Bewohner Benidorms eingraviert: ca. 60 000.

Beniyork von oben
Mit seinen über 100 Wolkenkratzern bildet Benidorm eine echte Betonmauer am Mittelmeer, deren Skyline zu den Sinnbildern des Pauschalreisens gehört. Einen spektakulären Blick über all das haben Sie von der Aussichtsplattform in der 43. Etage des **Gran Hotel Bali** 4. Das Gebäude des Architekten Antonio Escario gehört mit 186 m zu den höchsten Hotels Europas. Der Aufzug kostet für Nicht-Hotelgäste 6 € inklusive Getränk, aber Sie dürfen auch für das ›vertikale Wettrennen‹ im Mai trainieren: 924 Stufen bis in den 52. Stock (Luis Prendes 4, www.granhotelbali.com, Aufzug tgl. 10–13.30/14, 15–19/22 Uhr).

Mit Sonnenschirm und Liegestuhl zum Strand zu ziehen, sollten Sie nicht auf die leichte Schulter nehmen: Die Suche nach dem besten Platz, um den Tag an sich vorbeiziehen zu lassen, kann eine ernsthafte Angelegenheit sein.

SCHLEMMEN, SHOPPEN, SCHLAFEN

In fremden Betten

Gemütliche Atmosphäre
Hotel Canfali
Schöne Lage direkt am Wasser mit direktem Zugang zum Levante-Strand.
Pl. Sant Jaume 5, T 965 85 08 18, www.hotelrhcanfali.com, DZ mit Frühstück 100–250 €

Zauberhaft eingerichtet
Hotel Fetiche ❷
Das Haus in der Fußgängerzone der Altstadt bietet nur 17 Zimmer. Es ist charmant dekoriert mit alten Bildern des Fotografen Francisco Pérez Bayona.
Panaderos 4, T 966 29 84 41, www.fetichebenidorm.com, DZ mit Frühstück ab 80 €

Ruhige Lage
La Cala ❸
Zimmer mit Balkon und Meerblick am feinsandigen Strand der Finestrat-Bucht.
A. Marina Baixa 10, La Cala de Finestrat s/n (4 km westl.), T 965 85 46 62, www.hotellacala.com, DZ mit Frühstück 80–150 €

Satt & glücklich

In der Altstadt reihen sich Tavernen und Tapa-Bars aneinander, besonders zwischen der **Calle Santo Domingo** ❶ mit den Lokalen Gaztelutxo, Santurtzi und Aurrera und der Plaça de la Constitució mit **La Cava Aragonesa** .

R
RUINEN

Jahrelang lief in Benidorm der Wettbewerb, welches Bauunternehmen den höchsten Turm hinstellt. Durch Wirtschaftskrise und Spekulation blieben einige als Skelette stehen. Die berühmteste Bauruine war lange das **Intempo** ❺ im Viertel Ponent mit 192 m Spaniens höchstes Wohnhochhaus. 2020 soll das emblematische Gebäude in Form eines riesigen M nun endlich bezugsfertig werden.

B
BEATLES

In der **Zona Inglesa** treffen Sie Gott und die Welt – und die Beatles. In Lebensgröße laufen sie vor dem Hotel Marina (Ecke Gerona/Av. de Cuenca) über die Straße ohne einen Schritt weiterzukommen, genau wie Freddy Mercury am Pool nebenan.

Gute Weinkarte
La Rana ❸
Taverne mit Fisch und Fleisch vom Grill. *Rana* heißt Frosch und so finden sich in einer Vitrine am Eingang zahllose Deko-Frösche aus aller Welt.
Costera del Barco 6, T 965 86 81 20, www.larana.es, tgl. 12–16, 20–24 Uhr, ca. 35 €

Abseits der Touristenströme
Mal Pas ❹
Etwas versteckt hinter der Kirche San Jaime treffen sich vorwiegend Einheimische, um im familiären Ambiente die Vielfalt der traditionellen Küche zu genießen.
Mal Pas 1 (Ecke Santa Faz 50), T 965 85 80 86, Di–So 12–15.30, 20–23 Uhr, ab 20 €

Mediterrane Spezialitäten
Ulía ❺
Garantiert frisch, so schmecken Fisch und Meeresfrüchte besonders gut.
Av. Vicente Llorca Alós 15, Playa de Poniente, T 965 85 68 28, www.restauranteulia.com, Sept.–Juli So abend und Mo geschl., Reisgerichte 17–30 €

 Stöbern & entdecken

Antiquitäten
Flohmärkte 🛈
Do, Sa/So vormittags **Rastro El Cisne** im Camí de l'Ermita de Sanç/Av. de la Comunitat Valenciana 67–71 (Bus Nr. 10). So vormittags in **La Nucia** (🗺 F 8), 8 km nördl., und in **Polop de la Marina** (🗺 F 8), 12 km nördl.

Buntes Treiben
Mercadillo Pueblo ❷
Auf dem Markt Mi und So vormittags beim Hotel Servigroup Pueblo in Racó de Loix finden Sie neben Lebensmitteln auch Kleidung und anderes (Bus Nr. 6).

☀ **Wenn die Nacht beginnt**

Benidorm schläft nicht. Am ersten Abschnitt der Platja de Levante finden sich zahlreiche **Disco-Pubs** ☀. Bekannt als **Zona Inglesa** ☀ (Englische Zone) ist die Gegend am Ende des Levante-Strandes (via Av. del Mediterráneo zu erreichen). **Riesendiscos** ☀ wie das KU, KM, Penélope, Manssion oder Privilege X liegen außerhalb (an der Av. de la Comunitat Valenciana).

🌊 **Sport & Aktivitäten**

Baden und Beachen
Benidorms Reiz bilden die 5 km langen, feinsandigen Strände mit einer bunt gekachelten, preisgekrönten **Promenade,** deren Verlauf die Wellenbewegung des Mittelmeers spiegelt. Die **Platja**

In Benidorm brauchen Sie keine Angst zu haben, beim tapeo zu kurz zu kommen: Bars gibt es wie Sand am Meer.

de Poniente ist ruhiger und wird von Familien bevorzugt, während die **Platja de Levante** vor allem bei der Jugend beliebt ist, da hier in zahllosen Restaurants, Bars und Pubs fast rund um die Uhr gefeiert wird. Dazwischen schiebt sich ein Felsen ins Meer, unter dem die schmale Bucht **Cala del Mal Pas** und der kleine **Hafen** liegen. Von dort können Sie Ausflüge zur **Illa de Benidorm** direkt gegenüber unternehmen (www.excursionesmaritimasbenidorm.es). Hinter einem weiteren großen Felsvorsprung schließt sich im Süden von Benidorm die schöne **Cala de Finestrat** an.

Wasserski

Cable Skí Benidorm ❶
Auch Jet-Boat-Verleih und Rafting.
Platja de Levante, T 639 88 23 76, www.cableskibenidorm.com, April–Okt. tgl. 10.30/12–17/19 Uhr, ab 28/20 € 1,5 Std., 55/40 €/Tag

INFOS

Touristeninformation: Pl. Canalejas 1, T 965 85 13 11, www.visitbenidorm.es, Mo–Fr 9–21, Sa/So 10–17.30, Fei 10–14 Uhr. Filialen: Ecke Gerona/Derramador und Ecke Av. Europa/Ibiza
Bus: Vom Busbahnhof, Partida Els Tolls s/n, T 966 83 00 14, mit ALSA entlang der Küste nach Alicante, Valencia und Guadalest; mit Llorente Bus, Tel 965 85 43 22, www.urbanosdebenidorm.com, nach Guadalest, zur Platja de l'Albir und zur Cala de Finestrat
Zug: TRAM (▶ auch S. 112) nach Alicante und Dénia
Taxi: T 966 80 10 10, 965 86 26 26

TERMINE

Falles: 16.–19. März, ▶ S. 5
Nit del Foc: Johannisfeuer in der Nacht zum 24. Juni
Les Nits del Castell: Juli/Aug. Abendliche Konzerte auf der Plaça del Castell
Low Cost Festival: Ende Juli, www.lowfestival.es. Rock- und Popfestival mit günstigen Eintrittspreisen im Parque de l'Aigüera
Sommerfestivals: Juli–Sept. Theater für Kinder und Erwachsene, Musik und Tanz und große Rockkonzerte
Festes Majors Patronals: zweites Wochenende im Nov. Stadtfest mit Kutschenumzügen

IN DER UMGEBUNG

Familienspaß
Im gigantischen Vergnügungs- und Themenpark **Terra Mítica** mit Wasserrutschen, Karussels, Restaurants etc. bilden die Kulissen historische Mittelmeerkulturen nach, z. B. Ägypten, Griechenland, Rom etc. (▯ F 8, CV-70 Richtung Guadalest, ca. 8 km von Benidorm, T 902 02 02 20, www.terramiticapark.com, Mitte Mai–Aug. tgl. sonst Sa/So 10.30 Uhr bis Sonnenuntergang, 39/28 €, Busse von Benidorm). Nebenan liegt das Naturreservat **Terra Natura** mit rund 1500 Tieren in vier Zonen unterteilt: Pangaea, Amerika, Europa und Asien (T 966 07 27 70, www.terranatura.com, wechselnde Öffnungszeiten, 32/26 €). Wer nach dem Zoobesuch Abkühlung sucht, findet diese im angeschlossenen Wasservergnügungspark **Aqua Natura.**

Maurische Erinnerungen
9 km im Landesinneren hocken die weißen Häuser des Dorfs **Finestrat** (▯ F 8) auf einer Hügelkuppe unterhalb des 1410 m hohen Puig Campana. Bei einem Bummel durch verwinkelte Gassen und über kleine Plätze fällt es nicht schwer, sich vorzustellen, wie das Leben hier zur Zeit der Araber aussah.

Wandern
Im **Naturpark Serra Gelada** (▯ F 8) sind mehrere Wege ausgeschildert, u. a. zur Bucht Cala del Tío Ximó und zu verschiedenen Aussichtspunkten, wie Faro del Albir, La Cruz oder Alt del Gobernador, mit wunderschönen Panoramablicken: vom Mittelmeer über Benidorm bis zum mythischen Puig Campana (www.parquesnaturales.gva.es).

Auf der Spur des Wassers – **im Hinterland von Benidorm**

Unglaublich, dieser Gegensatz auf so wenigen Kilometern: hier das städtische Gewimmel von Benidorm, dort eine fruchtbare Landschaft und zwischen Bergkuppen versteckte weiße Dörfer samt Mispel-, Orangen-, Zitronen- und Mandelplantagen. Mit Wasser versorgt wird all das durch den Riu Guadalest und den Riu Algar.

Landschaft und Architektur

Bei **La Nucia** 1 lohnen sich Abstecher zum **Centre d'Educació Ambiental** 2 in Cautivador und zum international prämierten Verwaltungsgebäude **Extensió Administrativa** 3 in Bello Horizonte, denn diese Avantgarde-Gebäude bilden mit ihrer bioklimatischen Architektur einen interessanten Kontrast zum historischen Ortskern.

Zwischen Weinbergen und Obsthainen erwartet Sie **Polop** 4, dessen Kastell bis 1945 als Friedhof diente. Es ist Teil eines Stadtrundgangs auf den Spuren von Gabriel Miró. Mehr über diesen alicantinischen Dichter erfahren Sie im modernistischen **Casa-Museu Gabriel Miró** ganz in der Nähe der **Font dels Xorros** mit 221 Wasserspeiern.

Bekommen Sie Lust auf noch mehr Wasser? An den **Fonts de l'Algar** 5 laden Kaskaden und Naturschwimmbecken zum Bad ein. Nebenan im botanischen Garten **Dino Park** lauern Ihnen zwischen Hunderten verschiedener Kakteen Dinosaurier auf, einige sogar in Aktion.

Eine tollkühne Festung

Das von den Mauren gegründete Felsennest **Guadalest** 6 in der Serra de Aitana zählt nur 230 Einwohner – aber rund 2 Mio. Besucher im Jahr. Zugang gewährt ausschließlich ein aus dem Felsen geschlagenes Tor. Ein Miniaturenmuseum präsentiert eine stecknadelkopfgroße Stierkampfarena, acht weitere Museen widmen sich u. a. den Themen Folter, Hexerei und Okkultismus. Aber

Ein Aufenthalt im **Vivood Landscape Hotel** 1 bietet eine perfekte Kobination aus Schlichtheit und Luxus. Die Pläne des Architekten Daniel Mayo folgen dem Prinzip der ökologischen Nachhaltigkeit, die Gebäude verschmelzen mit ihrer Umgebung. Genießen Sie den spektakulären Ausblick vom Restaurant (Ctra. Guadalest–Alcoi, km 10, T 966 31 85 85, www.vivood.com, DZ ab 205 € inkl. Frühstück).

vielleicht noch interessanter sind die Reste des Kastells mit einem Friedhof im Innern, die Casa de los Orduña aus dem 16./17. Jh. (gegenüber dem Felsentunnel) oder das Gefängnis aus dem 12. Jh. im Rathauskeller. Von hoch oben bietet sich ein spektakulärer Ausblick auf den Stausee.

Wasser als Lebensquell

Maurisch anmutende Dörfer wie Benifato, Beniardá oder **Confrides** 7 an der Quelle des Riu Guadalest ducken sich am Weg zwischen Obstkulturen und Hügelland. Überall bezeugen die Dorfbrunnen die Wertschätzung des Wassers als Lebensquell. Dass die Ortsbilder durch ein verschlungenes Gassengewirr geprägt sind, versteht sich. Das Dorf **Penàguila** 8 mit seinen Adelsstammhäusern ist von Flüsschen umgeben.

Vom Fluss für Sie gemacht: Naturschwimmbecken Fonts de l'Algar

INFOS/ÖFFNUNGSZEITEN
Casa-Museu Gabriel Miró 4: Av. de Sagi Barba 21, tgl. 10–13.30, 16–19 Uhr, Eintritt frei
Les Fonts de l'Algar 5: T 965 88 01 53, www.lesfontsdelalgar.es, tgl. ab 9 Uhr, Schließung s. Website, 5/2 €
Dino Park: 1 km südöstl. von Les Fonts de l'Algar, T 636 27 74 66, www.dinopark.es, März–Nov. tgl. 10–17/18/20 Uhr, 15/10 €
Oficina de Turismo de Guadalest 6: Av. Alacant, T 965 88 52 98, www.guadalest.es, tgl. 10–14, 15–17/18/19

Uhr. Die Museen in Guadalest sind in der Regel tgl. 10–18/19 Uhr geöffnet, Eintritt 3–4 €

KULINARISCHES FÜR ZWISCHENDRIN
Sowohl in der **Venta la Montaña** 1 (Ctra. de Alcoi 9, Benimantell, T 965 88 51 41, www.restaurantventalamuntanya.wordpress.com, Do–Di 13–16 Uhr, Menü ab 25 €) als auch im **El Pirineo** 2 (Sant Antoni 52, Confrides, T 965 88 58 58, www.elpirineoconfrides.com, tgl. 9–17 Uhr, ab 25 €) wird gut gekocht.

Faltplan: E/F 8

Zauberhafte Buchten

Auch in der Umgebung von Benidorm gibt es noch versteckte Ecken: In der **Cala de la Almadraba** und der **Cala del Tío Ximó** an der Küste des Naturparks Serra Gelada begegnen Ihnen vorwiegend Schnorchler und Taucher.

Nach Guadalest: ▶ S. 46

Altea   F 8

Die Ansicht von Altea ist eins der beliebtesten Fotomotive der Costa Blanca. Hoch oben auf dem Felsen harmoniert der rosé-goldene Stein der Kirche eindrucksvoll mit dem leuchtenden Blau-Weiß der Kuppel und dem Weiß der um sie gescharten Häuser. Die kleine Stadt mit ihren 22 000 Einwohnern hat zwei Gesichter: die hübsche Altstadt mit verwinkelten Gassen und steilen Treppen sowie die Küstensiedlung mit ihrem Fischerhafen, dem schicken Jachtklub und dem Meeresboulevard als Bühne für Flaneure.

⌂ Familiäres Strandhotel
Hotel San Miguel

24 Zimmer, die Hälfte davon mit traumhaftem Meerblick. Besuchen Sie auch das hervorragende Restaurant (So abends u. Di geschl., Menü ab 22 €).
San Pere 7, T 965 84 04 00, www.hotelsan miguelaltea.es, DZ ab 45 €, Frühstück 4,50 €

K
KUNST

Dass Altea einst bei der Bohème hoch im Kurs stand, spürt man bis heute. Seine Atmosphäre wird durch die ansässigen Künstler und die vielen **Galerien** geprägt. In der Osterzeit sowie im Sommer trifft man sich gegen Abend an den Ständen der **Kunsthandwerker** auf dem Platz vor der Kirche.

🍴 Rund um den Kirchplatz

In den Gassen der Altstadt wimmelt es nur so von netten Restaurants, besonders empfehlenswert wegen der wunderschönen Terrasse und der kreativen Küche ist Olivier Burris **Oustau** (Mayor 5, T 965 84 20 78, www.oustau. com, 19–24 Uhr, Mo geschl. außer Juli/ Aug., ab 35 €). Wer eine informellere Alternative sucht, wird bei interessanten Tapa-Varianten, auch vegetarisch, in der Gastrobar **Xef Pirata** glücklich (Angel 22, tgl. 18.30–23.30 Uhr). Auf bunte Kuchen und hausgemachtes Eis kehrt man bei **De Sabors** (San Miguel 4, Di–So 10–22/23.30 Uhr) ein.

🍴 Mit den Füßen (fast) im Wasser
Chiringuito el Cranc

Am nördlich gelegenen L'Olla-Strand genießen Sie leckere Spezialitäten aus dem Meer, aber auch Salate und Gemüseteller und Eis aus eigener Herstellung.
Platja L'Olla s/n, T 965 84 34 39, www.chirin guitoelcranc.com, tgl. 13– 23.30/24 Uhr

🍴 Vintage an der Strandpromenade
L'Interdit

Im liebevoll mit Pflanzen dekorierten Ambiente ist die Stimmung immer sehr relaxed. Vom Frühstück bis zum Abendessen werden Sie hier bestens versorgt.
San Pedro 11, T 965 03 04 50, tgl. 9–22/23 Uhr

☼ Mojito auf der Dachterrasse
La Mascarada

Zwischen Masken aus aller Welt munden gut gemixte Cocktails bestens.
Plaza de la Iglesia 8, tgl. 17–4 Uhr

🌊 Baden und Beachen

Die Strände hier sind mit mehr oder weniger feinen Kieseln bedeckt, sodass das Wasser besonders klar ist. Die **Platja Cap Blanch** beginnt am Hafen. Unterhalb des Orts liegt die **Platja La Roda**. Jenseits des Riu Algar gibt es noch eine unbebaute Zone. Die Bucht **La Solsida**, Richtung Calp, ist FKK-Zone.

🌊 Wandern und Radfahren

Einer der schönsten Spaziergänge (oder Radtouren) führt die **Platja de L'Albir**

Das makellose Weiß der Hauswände kommt besonders gut zur Geltung, wenn der Blumenschmuck einen farbigen Kontrast bietet. Die Gassen von Altea gehören zu den schönsten an der ganzen Costa Blanca.

entlang und weiter über die Klippen bis zum Leuchtturm von L'Alfàs. Auch durch die **Serra de Bèrnia** oder die **Gemüsegärten** rund um Altea gibt es schöne Touren.

🌊 Meerestouren
Rutes de Mar
Haben Sie schon mal einen Fischer bei der Arbeit begleitet? Das ist die Gelegenheit. Auch Kajaktouren, geführte Wanderungen, Tauchtrips, Bootsverleih.
Port esportiu Mar i Muntanya, Partida La Galera 1, Portosenso, T 653 56 72 03, www.rutesdemar.com

🌊 Tauchen
Scorpora
Tauchgang inkl. Ausrüstung 45 €, Kurse ab 350 €/Woche. Auch Schiffstouren zum Schnorcheln (ab 30 €) und Kajakverleih (10/16 € für 2 Std.).
Pau Casals 6, Platja de l'Albir, T 966 86 73 05, www.centrobuceoscorpora.com, März–Sept.

❶ Infos und Termine
Touristeninformation: Sant Pere 14 (Strandpromenade), T 965 84 41 14, www.visitaltea.es, Mo–Sa 10–14, 16.30 19, So 10 14 Uhr
10. Aug.: Feuerwerk, großes Spektakel am Himmel in L'Olla de Altea

Calp/Calpe 🗺 F/G 8

Der Felsen Penyal d'Ifac (▶ S. 50) ist das Markenzeichen dieses Fischerstädtchens (30 000 Einw.), dem der Tourismus einige wenig ansehnliche Apartmentblocks bescherte. Doch fällt es leicht, ein Auge zuzudrücken und sich ganz von sauberem Wasser, mildem Klima, sanftem Meer und dem Blick auf den Felsklotz fesseln zu lassen. Die Ruinen aus der Römerzeit – darunter die Badeanlage ›Baños de la Reina‹ am Strand von L'Arenal-Bol – erinnern an das Alter von Calp. Die Salinenzone am Ortsrand nutzen viele Zugvögel zur Rast.

Spaziergang durch die Altstadt
Der obere Ortsteil mit dem alten maurischen Viertel **El Arrabal** hat sich seinen

5

Die Costa Blanca aus der Vogelperspektive – Penyal d'Ifac

Wahrscheinlich sind sie einfach nur neidisch, die Kletterer, die sich an den senkrechten Felswänden des Penyal d'Ifac abmühen, neidisch auf die Möwen, die wahren Herrscher dieses kleinen Naturparks. Denn nur aus der Luft erfasst man die überwältigende Schönheit dieses ins Meer geworfenen Kalksteinbrockens so vollständig.

Der Aufstieg auf den Felsen beginnt neben dem Besucherzentrum **Centre de Visitants Parc Natural del Penyal d'Ifac** `1`. Der Weg ist deutlich beschildert, so besteht keine Gefahr, sich zu verlaufen.

Der Penyal d'Ifac beherrscht die Küste wie ein natürlicher Wachturm

B
BAUTEN

Wiederholt gab es Versuche, den in Privatbesitz befindlichen Penyal d'Ifac zu besiedeln – glücklicherweise bisher vergeblich. In den 1950ern baute man ein Hotel am Fuß des Felsens, das 1987 abgerissen wurde, ohne je eröffnet zu haben. Zudem gibt es im Naturpark ein Gästehaus der Regierung der Valencianischen Gemeinschaft, auch das wurde nie eingeweiht, obwohl in seine Sanierung bereits 4,6 Mio. Euro geflossen sind.

Iberer, Römer und andere Bewohner

Von alters her war der Felsen ein Ort der die Bewohner der Mittelmeerküste anzog. Direkt an seinem Fuß befand sich im 4. und 3. Jh. v. Chr. eine **iberische Siedlung** `2`. Auch zur Zeit der Römer war das Kalkmassiv besiedelt. Erst im Mittelalter zog sich die Bevölkerung aufgrund wiederkehrender Piratenangriffe in den Ort Calp zurück. Entlang des Weges kann man die reiche und vielfältige Flora und Fauna des Naturparks bewundern – es gibt sogar endemische Arten. Am meisten fallen die lautstark ihr Wohnrecht verteidigenden Vögel auf. Man hat etwa 60 verschiedene Arten gezählt, die auf dem Felsen brüten, dort überwintern oder nur während des Vogelzugs rasten. Die Weißkopfmöwe zählt zu den bekanntesten Bewohnern des Penyal. Weitverbreitet sind auch Perleidechsen und Wildkaninchen.

Aussichtspunkte

Auf dem Serpentinenweg laden mehrere Plattformen zum Genießen der Aussicht ein. Am zweiten Aussichtspunkt, dem **Mirador de Cavanilles** `3`, beginnen einige Klettertouren die Nordflanke hinauf. Bald danach führt der Weg durch einen **Tunnel** `4` auf die andere Seite des Felsens. Dieser 50 m lange Durchbruch wurde 1918 eröffnet.

Sein Boden ist mittlerweile so glattpoliert, dass man sich an den Seilen an der Wand festhalten sollte, um nicht auszurutschen. Hinter dem Tunnel wird das Gelände unwegsamer, doch dank der angebrachten Haltetaue sind auch die engeren und gefährlicheren Stellen gut zu meistern.

Um seine Kräfte gut einzuteilen, empfiehlt es sich, an der Weggabelung zunächst rechts zum **Gipfel** **5** hinaufzusteigen (noch ca. 25 Min.). Von der 332 m hohen Spitze überblickt man die Mittelmeerküste von Benidorm bis Moraira. Auf dem Rückweg bietet sich ein Abstecher zum ehemaligen Aussichtspunkt der Grenzsoldaten an. Von diesem **Mirador Puesto de Carabineros** **6** kann man an klaren Tagen die Insel Ibiza ausmachen.

B BALLETT

Ob auf dem Felsen einst einäugige Riesen lebten? Den aus Alicante stammenden Komponisten Óscar Esplá inspirierte diese Vorstellung 1917 zur Ballettmusik »Die Zyklopen des Ifach«, die er für Sergei Djagilews russische Tanzkompanie schrieb.

INFOS/ÖFFNUNGSZEITEN

Dauer: gesamte Wanderung ca. 3 Std.
Ausrüstung: Man sollte ausreichend Wasser dabei haben sowie leichte Verpflegung. Gutes Schuhwerk ist angeraten, vor allem bei Nässe kann es im felsigen Gelände sehr rutschig werden.
Genehmigung: Der Zugang zum Felsen ist in der Regel frei. Nur bei großem Andrang – in der Karwoche oder im August – wird der Zutritt geregelt, sodass man sich im Voraus im Besucherzentrum anmelden muss.

Centre de Visitants Parc Natural del Penyal d'Ifac **1**: T 965 83 75 96, www.parquesnaturales.gva.es, Mo–Fr 8.30–14.30, Sa/So, Fei 9–14 Uhr, Eintritt frei

KLETTERPARTIEN

Wer die entsprechende Ausrüstung mitbringt, dem stehen elf **Routen** an der Südflanke und sechs an der Nordwand offen. Letztere sind wegen der Nistperiode von April bis Juni gesperrt.

Calp

Penyal d'Ifac
0   250 m

Cala del Penyal

1
2
3
4
332 m **5**
6

Parc Natural del Penyal d'Ifac

Paseo Ecológico Príncipe de Asturias

Cala del Racó

Faltplan: G 8

ÜBRIGENS

In Calp wurden in den 1960er- bis 80er-Jahren mehrere postmoderne Entwürfe des katalanischen Architekten Ricardo Bofill realisiert, die das Konzept verfolgten, Gebäude in eine Landschaft zu integrieren. Heute zählen **La Muralla Roja**, **Xanadú** oder **El Anfiteatro**, alle an der Steilküste der Cala Manzanera gelegen, zu den Museumsstücken moderner Stadtplanung.

historischen Charakter bewahrt. In den krummen Gassen lassen sich an den Hauswänden Malereien und Mosaiken bestaunen. Neben Resten der Stadtmauern ist ein alter Wachtturm erhalten, in dem das **Museum der Sammler** wechselnde Ausstellungen zeigt (Di–Sa 10–14, 16.30–19.30 Uhr, Eintritt frei). Sehenswert sind auch die **Kirche** im Mudéjarstil (15. Jh.) sowie das ehemalige Rathaus, nun ein **Archäologisches Museum** (Santísimo Cristo 7, Di–Sa 10–14, 16.30–19.30 Uhr, Eintritt frei).

Nur die Maus traut der friedlichen Abendstimmung nicht so ganz.

Rund ums Hafenbecken

Am Hafen von Calp herrscht zwischen Ausflugsbooten und großen Restaurants immer geschäftiges Treiben. Er stellt die Heimat der Fischerboote dar, die mit einer Besatzung von vier bis zehn Leuten in Küstennähe unterwegs sind. Kehren sie nachmittags in den Hafen zurück,

kann man in der nahen **Fischbörse** zuschauen, wie der Fang versteigert wird (Mo–Fr ab ca. 17 Uhr).

🏠 Hundert Meter vom Strand
Hotel Porto Calpe
Von den 77 Zimmern unweit des Sporthafens haben viele einen Balkon zur Meerseite, auch das Restaurant ist gut.
Esplanada del Porto 7, T 965 83 73 22, www.portocalpe.com, DZ 61–148 €, Frühstück 8,50 €

🏠 Absolute Ruhe
Casa del Maco
Vier rustikal eingerichtete Zimmer im Herrenhaus aus dem 18. Jh. Gutes Restaurant (Juli/Aug. Mo, Mi–Sa 19–23, So 12–15, 19–23, sonst Mo, Mi 19–22, Do–So 12–15, 19–22 Uhr, Menü ca. 45 €, Mittagsmenü Do–Sa 25 €).
Pou Roig, Lleus, Benissa (ca. 10 km von Calp), T 965 73 28 42, www.casadelmaco.com, DZ 95–135 €, Frühstück 11 €

🍴 Populäres Haus am Hafen
Baydal
Hier wurde auf Wunsch eines wichtigen Gastes der *arrós del senyoret* erfunden, eine Paella-Spezialität aus Calp mit bereits gepulten Garnelen.
Av. del Port 10, T 965 83 11 11, www.baydal.es, im Sommer tgl. sonst Di–So 10–16, 19–23 Uhr, à la carte 25–35 €

🌊 Baden und Beachen
Im Stadtgebiet schiebt sich der Penyal d'Ifac zwischen die langen Sandstrände **Arenal-Bol** (südlich) und **Fossa-Levante** (nördlich). Auch die Buchten um den Penyal und beim Sporthafen sind empfehlenswert.

🌊 Schiffstouren
Wie sieht die Küste vom Meer aus? Ein Trip nach Benidorm verrät die Antwort.
T 965 85 00 52, www.excursionesbenidorm, Dauer ca. 1 Std., 17–24 €

🌊 Radverleih
Ciclos Tony (Blasco Ibáñez 10-A, T 676 86 74 45, www.solybike.com) und **Calpe-Multiaventura** (Gibraltar 4, T 695 16 20 06, www.calpemultiaventura.com).

❶ Infos und Termine
Touristeninformation: Av. de los
Ejércitos Españoles 44 (Richtung Penyal
d'Ifac), T 965 83 69 20, www.calpe.
es, Mo–Fr 9–16/21, Sa 10–14.30 Uhr.
Weitere Zweigstellen am Busbahnhof,
am Fischerhafen sowie am Penyal d'Ifac
Virgen de las Nieves: 1.–9. Aug. Fest
mit Prozessionen und Feuerwerk
Santísimo Cristo del Sudor: Zweite
Oktoberhälfte. Stadtfest mit inszenier-
ten Gefechten zwischen Mauren und
Christen
Spanisch-deutsches Bierfest: Erste
Oktoberhälfte

IN DER UMGEBUNG

Ein Ausflug in die Geschichte
Die Altstadt von **Benissa** (📖 F/G 8),
10 km nördlich von Calp im Landesinneren gelegen, zählt zu den bester-
haltenen historischen Stadtkernen an
der Costa Blanca. Zu den wichtigsten
Sehenswürdigkeiten gehören das
Rathaus im Gebäude eines ehemaligen
Krankenhauses und die **Sala del Con-
sell** (16. Jh.), ein Palast im valencianischen Renaissancestil, in dem heute
Ausstellungen gezeigt werden. Auch der
Casal dels Joves (16. Jh.), die **Casa
Museu Albargues** (18./19. Jh.) und
der **Convent dels Pares Franciscans**
(17. Jh.) lohnen definitiv einen Blick. Im
neogotischen Stil präsentiert sich die
Kirche Puríssima Xiqueta (20 Jh.),
die auch als Meereskathedrale bekannt
ist. Vor der **Casa dels Feliu** (19. Jh.),
die im Bürgerkrieg als Hospital für die
Internationalen Brigaden diente, erinnert ein Denkmal an die Freiwilligen aus
aller Welt, die ihren Kampf gegen den
Faschismus in Benissa mit dem Leben
bezahlten.
Sicherlich brauchen Sie nun eine Stärkung, nach so viel Kultur. Kehren Sie dazu
in der **Casa Cantó** ein und suchen Sie
sich von der Karte eine der lokaltypischen
Spezialitäten aus (Av. del País Valencià
237, T 965 73 06 29, www.casacanto.
com, So, Di 13–16, Mi–Sa 13–16,
19.30–22.30 Uhr, à la carte 40–50 €).

REVOLUTIONÄRER RÜCKZUGSORT

Wo schauen Ihnen Josef Stalin, Tony
Blair, José María Aznar und George
W. Bush zu, während Sie sich die
deftige Landküche schmecken
lassen? In der **Ca Pinet** in Alcalalí
(📖 F 7/8) sind die Wände mit
Bildern historischer Persönlichkei-
ten dekoriert, die auf die ein oder
andere Weise dem internationalen
Freiheitskampf verbunden sind. Das
Lokal versteht sich als Symbol des
linken Widerstands gegenüber den
Machthabern. Und es ist eine Hom-
mage von Jeroni Pinet an seinen
Vater, der dieses kuriose Restaurant
einst in Tàrbena gründete im Ge-
denken an einen seiner Vorfahren,
einen Wegelagerer aus dem 19. Jh.
(Passeig del Pou 14, T 965 88 42
29, www.capinet.es, Do–Di 10–22
Uhr, ab 30 €).

Auf dem Ökopfad die Küste entlang
Die Natur rund um Benissa lädt zu
Wandertouren ein, sowohl in den
Bergen als auch an der Küste, wo sich
zwischen Steilklippen wunderschöne kleine Buchten und Pinienhaine
verbergen (📖 G 8). Zwei besonders
reizvolle Strecken sind als **Passeig
ecològic** ausgeschildert: vom Segelclub
Les Bassetes über das Tourismusbüro in
der Casa dels Cent Vents (Av. La Marina
307, T 966 64 83 61, www.benissa.es,
Mo–Fr 9–14 Uhr, im Sommer länger) bis
zur Cala Pinets sowie weiter nördlich
von der Cala Llobella über die Platgeta
de l'Advocat bis zur Cala del Baladrar.

Xàbia/Jávea 📖 G 7

**Der Ort Xàbia (ca. 27 000 Einw.)
liegt zwischen dem Cap de Sant
Antoni und dem Cap de Sant Martí
an einer der schönsten Buchten
der Küste direkt zu Füßen des
sagenumwobenen Bergs Montgó
(▶ S. 62). Nicht nur der histori-**

sche Ortskern, auch die Ferienhäuser im mediterranen Stil heben sich wohltuend vom üblichen Betoneinerlei der Costa Blanca ab. Xàbia besteht eigentlich aus drei Ortsteilen: dem als Duanes de la Mar bekannten Hafenviertel, dem vom Ferienbetrieb geprägten Viertel L'Arenal sowie der Altstadt, in der man allerorten malerische Winkel entdeckt.

Historisches im Zentrum
In den engen Gassen wechseln sich weiße Mauern mit Natursteinhäusern ab und vor vergitterten Fenstern hängen üppig blühende Pflanzen. Der wuchtige Bau von **Sant Bertomeu** (14.–16. Jh.) erinnert daran, dass die im Stil der isabellinischen Gotik erbaute Kirche den Anwohnern bei Piratenangriffen als Wehrburg diente. Sehenswert sind auch das **Rathaus** und die **Markthallen** mit ihren umlagerten Ständen. Im Casa-Palacio de Antoni Banyuls befindet sich das **Archäologische und Ethnografische Museum Soler Blasco** mit interessanten Exponaten u. a. aus der iberischen und phönizischen Epoche. Dabei ist besonders der 1904 zufällig im Bezirk Lluca gefundene ›Iberische Schatz von Xàbia‹ hervorzuheben, bestehend aus verschiedenen Schmuckstücken aus Gold und Silber (4.–2. Jh. v. Chr.). Ein Saal ist der Unterwasserarchäologie gewidmet, ein anderer dem lokalen Maler Juan Bautista Segarra Llamas (Pl. dels Germans Segarra 1, T 965 79 10 98, Di–Fr 10–13, 17/18–20/21, Sa/So, Fei 10–13, Eintritt frei).

Durchs Hafenviertel bummeln
Im alten Fischerdorf Duanes de la Mar sticht der moderne Betonbau der Kirche **Mare de Déu de Loreto,** hervor, deren hölzernes Dach einem Schiffskiel gleicht. Die verkehrsberuhigte **Strandpromenade** zieht sich den Kiesstrand Platja de la Grava entlang, gesäumt von unzähligen Restaurants und Cafés. Hier steht die in ein modernes Ausstellungsgebäude umgebaute **Casa del Cable,** 1860 als Telegrafenstation für die Verbindung nach Ibiza per Unterseekabel errichtet.

⌂ Oase am Meer
Parador de Jávea
Modernes Gebäude inmitten eines Palmengartens an der Platja de l'Arenal. Vom Balkon geht der Blick aufs Wasser.

Entlang der Küste von Xàbia finden Sie eine beeindruckende Vielfalt: sandige Strände, versteckte Buchten, steile Klippen. Hinter wilden Felsformationen lockt das kristallklare Wasser zum Schwimmen, Tauchen, Schnorcheln oder Kajakfahren.

Av. del Mediterráneo 233, T 965 79 02 00,
www.parador.es, DZ mit Frühstück ab 131 €

🍷 Tapas satt
Calima
Oberhalb des Grava-Strandes. Saison-
gerichte, auch vegetarisch, und frischer
Fisch. Zuweilen Live-Jazzkonzerte.
Marina Española 14, T 965 79 48 21, www.
restaurante-calima.com, tgl. 13–15.30,
19–23.30 Uhr, Menü 13–16 €

🛍 Günstig
Wochenmarkt
Do vormittags auf der Plaça de la Constitució und der Plaçeta del Convent in
der Altstadt, mit Kleidung, Schuhen etc.

🛍 Für Gourmets
De la Tierra
Viele der Produkte stammen aus der Re-
gion und sind zudem bio: Reis, Gemüse,
Wein, Honig, Marmelade, Öl etc.
Ctra. de Gata 61, T 965 79 05 17, www.dela
tierrajavea.com, Mo–Sa 10–14.30, 16.30–20,
So 10–14.30 Uhr

🐟 Frisch von der Börse
Fischmarkt
Ab ca. 16.30 Uhr wird unter der Woche
an den Ständen rund um den Hafen
Fisch verkauft.

🌊 Baden und Beachen
Außer an der **Platja de la Grava** beim
Hafen und der sandigen **Platja de
l'Arenal** kann man auch in versteckten
Felsbuchten baden: in der kiesigen **Cala**

REICHTUM AUS ROSINEN

Im Parque Montaner am nordwest-
lichen Rand von Xabia steht eine
riesige reetgedeckte Halle mit 30
gemauerten Bögen, der **Riurau de
los Català d'Arnauda.** Im 19. Jh.
wurden in solchen *riuraus* Mosca-
teltrauben getrocknet, um sie nach
Nordeuropa exportieren zu können,
damals ein wichtiges Geschäft, das
zum Aufschwung der Stadt beitrug.

ÜBRIGENS

Der impressionistische Maler
Joaquín Sorolla verliebte sich
Ende des 19. Jh. in die Gegend und
schrieb in einem Brief an seine Frau:
»Jávea, erhaben und unermesslich,
zum Malen das beste, was ich kenne
… das ist der Ort, von dem ich
immer geträumt habe, Meer und
Berge, aber was für ein Meer!«

de la Barraca mit Strandrestaurants
gegenüber der Illa del Portitxol, in der
Cala de la Granadella mit Sand- und
Kiesstrand und an der **Platja d'Ambolo,** einem Nudistentreff (▶ S. 56).

🤿 Tauchen
Die Gewässer rund um die Illa del Por-
titxol und die Illa d'Ambolo sind beste
Tauchreviere, zehn Tauchrouten sind
ausgewiesen. Um in der **Reserva Mari-
na de Cap de Sant Antoni** zu tauchen,
müssen Sie einige Tage vorher einen
Antrag stellen (Infos beim Rathaus in
Xàbia oder Dénia).
Buceo Cabo La Nao
Calle Canal Sur 2 (an der Platja de l'Arenal),
T 609 67 28 56, www.cabolanao.com

Centro de Buceo Puerto de Jávea
Escollera Sur s/n (am Hafen), T 666 76 80 70
www.buceopuertodejavea.com, Kurse ab 260 €

🚲 Radverleih
Xàbia's Bike Centre
Touren an der Küste oder zum Montgó
Av. de Lepanto 5 (am Hafen), T 966 46 11
50, www.xabiasbike.com, Mo–Fr 9.30–13.30,
16.30–20.30, Sa 10–14 Uhr, ab 13 €/Tag

🥾 Wandern
Das **Tourismusamt** informiert über verschiedene Wanderrouten an der Küste
rund um die Kaps.

ℹ Infos und Termine
Touristeninformation: Xàbia Port, Pl.
President Adolfo Suárez 11, T 965 79

So weit das Auge reicht – Aussichtspunkte südlich von Xàbia

 # 6

Einfach nur gucken und die Bilder durch die Pupille hereinspazieren lassen – perfekte Traumvorlagen: blaues Meer, zerklüftete Steilklippen, idyllisch verborgene Buchten und kleine Inseln zum Greifen nah. Die Küste zwischen dem Cap de la Nau und der Platja de l'Arenal bietet fantastische Panoramen hoch über der Brandung.

Am Rand der Steilküste

Vom **Mirador de la Granadella** `1` lohnt der etwa 2 km lange Abstieg in die ruhige *cala* mit ihren runden Kieselsteinen, eine der schönsten Buchten der spanischen Mittelmeerküste. Der **Mirador d'Ambolo** `2` erlaubt den Blick auf die vorgelagerte Insel gleichen Namens und den schönen Ambolo-Strand, der wegen Steinschlaggefahr jedoch gesperrt ist. Das nächste Ziel mit spektakulärer Aussicht ist der Leuchtturm am **Cap de la Nau** `3`.

Bahía del Portitxol

Den *mirador* am **Cap Negre** `4` erreichen Sie über einen schmalen Pfad entlang einer Felswand. Er ist einer der magischsten Flecken der Costa Blanca, denn hier liegt Ihnen die gesamte Küste bis nach Xàbia zu Füßen. Vom **Mirador de Falzia** `5`, schauen Sie über die kleine Illa del Portitxol. Hier beginnen einige Trampelpfade, auf denen der Kontrast zwischen weißen Felswänden und türkis schimmerndem Wasser besonders deutlich wird. Ein Spaziergang führt vom wunderschönen **Portitxol-Strand** `6` hinauf zum **Mirador de la Cruz del Portitxol** `7`, den man aber auch direkt von der Straße Richtung Xàbia anfahren kann.

Entlang der Platja El Arenal

Ein lohnender Fotostopp ist auch der **Mirador de Les Caletes** `8`. Hier ist gut zu erkennen, wie die Küstenlinie Richtung Süden langsam ansteigt, um am Cap de la Nau ihren Höhepunkt zu er-

Nur selten zeigt sich das Wasser in den kleinen Buchten so spiegelglatt.

B
BRAND

Ein verantwortungsloser Brandstifter provozierte im September 2016 die Vernichtung eines Großteils der Naturparks von **La Granadella.** Der Waldbrand erreichte sogar einige Siedlungen. Die Spuren der Katastrophe sind noch deutlich sichtbar, auch wenn es zwischen den schwarzen Baumstümpfen langsam schon wieder grünt.

reichen. Kristallklar zeigt sich das Wasser vor den weißen Klippen am *mirador* der **Cala Blanca** `9`. Als natürliche Barriere streckt sich an dieser Bucht ein Arm aus Kalktuff (Travertin) ins Meer hinaus – sodass Sie sich wie auf einer Insel fühlen. Am **Mirador de la Séquia de la Nòria** `10` finden sich versteinerte Dünen, die seit rund 100 000 Jahren kleine Felswände bilden. Eine regelrechte Felsspalte bildet der Kanal, den man früher nutzte, um Meerwasser in die alten Salinen von Saladar zu leiten. Von der **Punta de l'Arenal** `11` geht es hinunter zum einzigen Sandstrand bei Xàbia, an dem sich in römischer Zeit eine größere Siedlung mit Fischfabriken befand.

I
INSEL

Obwohl die **Illa de Portixol** heute in Privatbesitz ist und unbewohnt, lassen Überreste von Wohnhäusern erkennen, dass das nicht immer so war. Die gegenüberliegenden Bucht Cala de la Barraca wird seit antiken Zeiten gern zum Ankern genutzt.

INFOS

Die Touristenbüros in Xàbia (▶ S. 55) verteilen **Broschüren** zu den Aussichtspunkten, die Sie am besten mit dem Wagen oder dem Fahrrad erreichen – oder, wenn Sie einige Stunden Zeit haben, auch zu Fuß (ca. 25 km).

KULINARISCHES FÜR ZWISCHENDRIN

Unmittelbar am Strand von La Granadella serviert das **Restaurante Sur** `1` gute

Meeresküche und Reisgerichte (Av. Tío Catalá 35, Cala de la Granadella, T 965 77 16 12, www.restaurantesur.com, tgl. Juli/Aug. 9.30–22, sonst 10–18 Uhr, im Nov. Di sowie Mitte Dez.–Febr. geschl., à la carte ab 30 €). Ein weiterer Tipp sind die mediterranen Fleisch- und Fischgerichte im **Cabo la Nao** `2` (Cap de la Nau, T 965 77 18 35, www.restaurantecabolanao.com, Do–Di 13–15.30, 19.30–21.30 Uhr, Dez. geschl., à la carte ab 35 €) beim Leuchtturm.

Faltplan: G 7/8

07 36, Mo–Fr Juni–Sept. 9.30–13.30, 17–20, sonst 9.30–17, Sa/So/Fei 10–13 Uhr, www.xabia.org. Weitere Büros am Kirchplatz und in Xàbia Arenal.

Mare de Déu dels Àngels: 31. Juli–2. Aug., im Monestir de la Plana nahe der Straße zum Cap de Sant Antoni
Mare de Déu de Loreto: 29. Aug.–8. Sept. Mit Prozessionen, Feuerwerk und Stiertreiben *(els bous)* beim Hafen
Música a l'estiu: sommerliches Konzertfestival im Juli/Aug.
Xàbia Jazz: Musikfestival Anfang Aug.

....
IN DER UMGEBUNG
....

Marines Ambiente
Moraira (🛏 G 8), 13 km von Xàbia entfernt, hat sich rund um den Jachtclub noch den Charme eines Fischerdorfs bewahrt und sich in den letzten Jahren dank seiner exquisiten Restaurants in der Nähe des Hafens und in den Gassen des Zentrums zu einem kulinarischen Geheimtipp entwickelt. Sein Reiz liegt aber auch in den schönen Stränden und Felsbuchten zwischen **Cap d'Or** und **Cap Blanc,** die zum Teil durch idyllische Wanderwege miteinander verbunden sind. In der Nähe der feinsandigen **Platja de l'Ampolla** finden Sie die Ruinen einer Burg aus dem 18. Jh.

Maurische Dorfstruktur
6 km landeinwärts liegt inmitten von Ländereien und Weinfeldern **Teulada** (🛏 G 8) mit seinen jahrhundertealten engen Gassen. Sehen Sie sich hier die Sala de Jurats i Justicies aus dem 17. Jh. an sowie die Wehrkirche Santa Caterina im Stil der valencianischen Gotik.

Steile Felsen und versteckte Buchten
Zwischen Xàbia und Moraira zeigt sich die Costa Blanca rund ums **Cap de la Nau** (🛏 G 8) von ihrer schroffen Seite, bis zu 100 m ragen die Felswände hier aus dem Meer empor (▶ S. 56). Die Wanderroute SL-CV-50 (Ruta de las Calas) führt in ca. 2 Std. (8 km) die Küste entlang von der Wohnsiedlung Cala Portet in Moraira zur Siedlung Cumbres del Sol an der Cala del Moraig. Auf dem Weg passieren Sie nicht nur wunderschöne Buchten wie die **Platja del Portet** und die **Cala del Llebeig,** sondern auch alte Weinberge, tiefe Schluchten und kleine Höhlen, aus denen Fischer früher in riskanten Manövern ihre Angeln auswarfen. Am Ende gelangen Sie an einen Ort der Ruhe, des strahlenden Lichts, des klaren Wassers: die **Cala del Moraig** – ein Stück Natur, das man sich am liebsten wie einen Schatz in die Tasche stecken würde.

Ein Leuchtturm und alte Mühlentürme
Auf dem **Cap de Sant Antoni** (🛏 G 7), einem der Felsvorschübe, die die Bucht von Xàbia einfassen, thront in 160 m Höhe ein Leuchtturm über den Wellen des Mittelmeers, ein toller Aussichtspunkt. Auf dem Rückweg nach Xàbia zweigt am alten Jeronimo-Kloster links der Weg zum **Mirador de Els Molins** ab. Hier, auf der windigen Hochebene von Les Plenes, haben sich die Ruinen einiger Windmühlen erhalten, die zwischen dem 14. und dem 18. Jh. benutzt wurden, um Getreide zu mahlen.

Dénia 🛏 G 7

Seinen Namen verdankt Dénia der römischen Jagdgöttin Diana. Das Städtchen mit seinen rund 41 000 Einwohnern ist eine der ältesten Siedlungen dieses Küstenstrichs. Doch wirklich bedeutsam wurde der Ort erst im 11. Jh. als Sitz eines maurischen Kleinkönigreichs, einer taifa. Wer hier nicht dem Fischfang nachgeht, lebt heute vorwiegend von den Touristen, die die schönen Strände hierherlocken.

Stadt samt Museen erkunden
Die wichtigsten historischen Überreste finden Sie im Umfeld des Burgbergs, an den sich die verschachtelte weiße Altstadt Les Roques schmiegt. Die **Festung** selbst zeigt Spuren ihrer römischen, arabi-

schen und christlichen Vergangenheit (San Francisco s/n, T 966 42 06 56, tgl. 10–18/19.30, Juli–Mitte Sept. 10–0.30 Uhr, 3/1 €). Im Inneren informiert das **Archäologische Museum** über Dénias Geschichte (Mo–Sa Juni 10.30–14, 16.30–19.15, Juli–Mitte Sept. 10.30–20.15, sonst 10.30–17.45/18.45/19.45, So 10.30–13.30, ab 15 Uhr, im Burgeintritt inbegriffen). Das **Ethnologische Museum** führt Ihnen in einem Wohnhaus aus dem 19. Jh. das Leben dieser Zeit vor Augen, auch die Bedeutung des Rosinenhandels für die Stadt wird dabei deutlich (Cavallers 1, Di–Sa 10.30–13, 16–19, So 10.30–13 Uhr, Eintritt frei). Vom Anfang des 20. Jh. bis in die 1960er-Jahre trug besonders die Spielzeugindustrie zum wirtschaftlichen Aufschwung Dénias bei. Mehr dazu erfahren Sie im **Spielzeugmuseum** im alten Bahnhof (Calderón s/n, tgl. 10–13, 16/17–20/21 Uhr, Eintritt frei). Die belebte Straße **Marqués de Campo** ist die kommerzielle Schlagader und führt auf den Palmenboulevard **Esplanada de Cervantes,** die Verbindung zum gemütlichen Fischerviertel Baix la Mar.

🏠 **Stilvoll relaxen**
Les Rotes
Das ruhige Haus liegt etwas außerhalb, in der Nähe der Klippen von Les Rotes. Einige Zimmer haben Meerblick. Gehobene Ausstattung samt Pool und Jacuzzi, empfehlenswertes Restaurant.
Ctra. de les Rotes 85, T 965 78 03 23, www.hotellesrotesdenia.com, DZ mit Frühstück 113–150 €

🏠 **Am Hafen**
Hostal L'Anfora
Charmante Pension mit 20 Zimmern wenige Gehminuten vom Zentrum.
Esplanada Cervantes 8, T 966 43 01 01, www.hostallanfora.com, DZ 49–70 €

🍴 **Lokaltypisches**
El Comercio
Fleisch und Fisch vom Grill in einem alten Stadthaus mit gemütlichem Patio.
Marqués de Campo 17, T 965 78 56 91, tgl. 8.30–24 Uhr, à la carte um 30 €

Frisch angelandet: das Ausgangsmaterial für die mediterranen Menüs in Dénias Gourmetrestaurants

🍴 **Paella**
La Casa de l'Arròs
Wie der Name andeutet, gibt es hier Reisgerichte, u. a. *arròs a banda* (Fisch und Reis mit Alioli).
Glorieta País Valencià 7, T 965 78 10 47, tgl. 12.30–16.30, 19.30–24 Uhr, à la carte ab 30 €

Dénia ist bekannt als kulinarische Hauptstadt der Costa Blanca und gehört seit 2015 zum UNESCO-Netzwerk der **Creative Cities** im Bereich Gastronomie. Ihr großer Pluspunkt sind die Fische und Meeresfrüchte, die jeden Tag fangfrisch in der Börse des Fischerhafens versteigert werden, darunter natürlich auch die roten Garnelen, das Aushängeschild Dénias.

DÉNIA UND DIE DICHTER

Die Esplanada de **Cervantes** am Hafen trägt nicht nur den Namen von Spaniens berühmtestem Dichter, sondern Sie werden den Herrn mit dem hohen Kragen und dem gepflegten Bart dort am Spielplatz auch persönlich antreffen, versteinert natürlich. Dénia war der Hafen, in dem Cervantes nach fünfjähriger Gefangenschaft in Algier 1580 erstmals wieder spanischen Boden betrat. Auch zu Ehren des hier im Jahr 1900 geborenen Schriftstellers **Joan Chabás** hat die Stadt eine Büste aufgestellt: Am Beginn der Carrer de Marqués de Campo betrachtet er mit analytischem Blick das Treiben auf der Glorieta del País Valencià. Der Dichter der Generation von 1927 ging als Antifaschist nach dem Bürgerkrieg ins Exil nach Kuba, wo er 1954 starb. Dass der US-amerikanische Schriftsteller **John Dos Passos** im Jahr 1916 Dénia besuchte, wäre vielleicht in Vergessenheit geraten, wenn er der Stadt nicht ein Gedicht gewidmet hätte, in dem er sich vorstellt, wie schön es wäre, in Dénia zu sterben. Nachlesen können Sie es auf einer Gedenktafel auf dem halb verwahrlosten Friedhof der Engländer nahe der Platja Marineta Cassiana.

🍴 Familienbetrieb mit Holzofen
Las Bairetas
Hier dürfen Sie zuschauen, wie die Zutaten vom Markt in die Pfanne wandern.
La Mar 5, T 966 42 28 91, www.lasbairetas denia.com, Di–Sa 13.30–15.30, 20.30–22.30, So/Mo 13.30–15.30 Uhr, ab 30 €

🍴 Auf der Klippe in Les Rotes
Mena
Die mediterrane Küche schmeckt mit Blick aufs Meer besonders gut.
Ctra. Les Rotes, km 5, T 965 78 09 43, im Sommer tgl. 9.30–23, sonst So–Do 9.30–19.30, Fr/Sa 9.30–23 Uhr, ab 35 €

🍴 Drei Michelin-Sterne
Quique Dacosta Restaurante
In einer modernen weißen Villa verwöhnt Quique Dacosta Ihren Gaumen mit Avantgarde-Rezepten, deren Zutaten alle aus der Umgebung stammen.
Rascassa 1, Urb. El Poblet, T 965 78 41 79, www.quiquedacosta.es, Mi–So 13.30–15, 20.30–22.30 Uhr, Juli/Aug. tgl., 2. Dezemberhälfte u. Jan. geschl., Menü 210 €

🌊 Baden
Gut 1 km lang ist die feinsandige **Platja Marineta Cassiana** südlich des Fischerhafens. **Les Marines** erstreckt sich als breites goldfarbenes Band Richtung Norden. Zwischen den Mündungen der Flüsse Girona und Racons liegt die 5,5 km lange, feinsandige **Platja Deveses**. FKK ist in **Les Rotes** möglich.

🚲 Radverleih
Desnivell
Hier finden Sie auch eine Reparaturwerkstatt für Drahtesel.
Abú Zeyán 1, T 965 78 23 43, www.bicicletas desnivell.com, 18 €/Tag

ℹ️ Infos und Termine
Touristeninformation: Pl. Oculista Buigues, 9, T 966 42 23 67, www.denia.net, Juli/Aug. Mo–Fr 9.30–20, Sa/So 9.30–13.30, 15–20, sonst tgl. 9.30–13.30, 17–20 Uhr
Züge: FGV-Züge ab Passeig del Saladar. Die TRAM-Bahn *trenet* (Abfahrt nahe Infoamt) fährt nach Alicante (▶ S. 112

K KAPITÄN

Im Carrer Les Barques erinnert eine lebensgroße Playmobilfigur in Bronze an den US-amerikanischen Seehelden **John Paul Jones,** dessen Leben als »Beherrscher der Meere« 1959 in Dénia verfilmt wurde. Mia, die 12-jährige Tochter des Regisseurs John Farrow, wurde damals zur Festkönigin von Dénia gewählt.

Im Gourmetviertel Baix la Mar füllen sich die Plätze zur Essenszeit nicht nur mit köstlichem Duft. Bars und Restaurants servieren in alten Fischerhäusern qualitätvolle Küche. Probieren Sie hier zum Beispiel Dénias berühmte rote Garnelen.

Fähren: nach Mallorca, Ibiza und Formentera (www.balearia.com)
Fiesta Patronal de la Santísima Sangre: zweite Juliwoche. Beim Stiertreiben *bous a la mar,* einem Höhepunkt des Patronatsfestes, landen Stiere und Stiertreiber oft gemeinsam im Hafenbecken.
San Roc: 14.–16. Aug. Das hiesige Fest der Mauren und Christen
Setmana Internacional de Música: Mitte Aug. im Auditorio del Centro Social. Konzerte mit klassischer Musik
Música al Castell: Mitte Aug. auf der Burg. Festival der Folklore

··
IN DER UMGEBUNG
··

Parc Natural del Montgó: ▶ S. 62

Wer braucht noch Mitbringsel?
Das Dorfgemeinschaft in **Gata de Gorgos** (🗺 G 7), ca. 17 km südlich von Dénia im Montgó-Gebirge, widmet sich dem Weinbau – aber nicht ausschließlich: Hier kann man auch sehr schöne Korb-, Flecht- und Keramikwaren sowie Spitzenklöppeleien erstehen (mit der TRAM-Bahn zu erreichen)

Ab in die Höhle
Bis zu 50 000 Jahre alt sind die Spuren menschlichen Lebens in den 300 m langen **Coves de les Calaveres** ca. 14 km südwestlich von Dénia (🗺 F 7, Ctra. Pedreguer–Benidoleig, T 966 40 42 35, www.cuevadelascalaveras.com, tgl. 9–18/20 Uhr, 3,90/2 €). Die interessante Tropfsteinhöhle **Cova del Rull** liegt 30 km westlich von Dénia (🗺 F 7, CV-712, 3 km westl. von Vall d'Ebo, www.lavalldebo.org, tgl. April–Sept. 10.30–20.30, Okt.–15. Jan., 15. Febr.–März 11–17/18.30 Uhr, 4 €).

Zu Fuß durch die Höllenschlucht
In Vall de Laguart beginnt die Wanderroute PR-CV147 durch den imposanten **Barranc de l'Infern** (🗺 F 7) Richtung Vall d'Ebo. Die als ›Kathedrale der Wanderer‹ bekannte Strecke geht über einen gepflasterten Weg mit ca. 7000 Stufen, die zu maurischer Zeit angelegt wurden. Abstecher führen in die Seitentäler nach Fleix und Benimaurell.

Der mythische Hausberg von Dénia und Xàbia – **Montgó**

360-Grad-Rundumblick und in der Weite des Mittelmeers erahnt man Ibiza. Das Beste am Montgó ist eindeutig sein 733 m hoher Gipfel, auch wenn Sie unterwegs vielleicht zweifeln – oje, schaff' ich das? Umso befriedigender ist es, dort oben das Auge schweifen zu lassen über die Berge und das immense Blau des Wassers.

Auch wenn es weit aussieht, der Aufstieg auf den Montgó dauert nur ein paar Stunden – und der Ausblick lohnt die Mühe, versprochen!

Die ca. 26 km lange Route vom Hafen in Dénia **rund um den Montgó** bis zum Hafen von Xàbia oder in umgekehrter Richtung ist leicht zu bewältigen. Broschüren zu dieser Radtour erhält man in den Infobüros der beiden Orte (▶ S. 55 u. S. 60). Zurück zum Ausgangspunkt gelangt man auch mit dem Schiff.

Das Gebirgsmassiv des Montgó zieht sich bis zu den Klippen des Cap de Sant Antoni, das 75 km² große Naturschutzgebiet beherbergt eine große Vielfalt an Flora und Fauna. Rund 650 verschiedene Pflanzenarten hat man ausgemacht, besonders häufig sind Kermeseichen und Rosmarinsträucher. Unter den am Montgó heimischen Säugetieren finden sich Wildschweine, Füchse, Ginsterkatzen, Fledermäuse.

Ebene von Sant Jeromi

Die mit weißen und gelben Balken markierte Strecke auf den Gipfel ist das letzte Stück der Wanderroute PR-CV355, der den Hafen von Xàbia mit dem Montgó verbindet. Der ungepflasterte Pfad ist zunächst breit und bequem zu gehen. Hinter einer Gruppe von Pinien biegt ein schmalerer Weg rechts ab. Es geht geradeaus weiter, Sie passieren linker Hand einige Häuser und rechts den Abzweig zum Schießplatz von Sant Jeromi. Kurz hinter dem rechts abzweigenden Weg zur Höhle **Cova del Camell** kommen Sie zu einem Plan des Naturparks. Bis hierher hat man rund 2 km durch die Ebene von Sant Jeromi zurückgelegt, nun wird das Gelände felsiger.

Auf den Gipfel

Der zunächst noch von Palmen gesäumte, steinige Pfad schlängelt sich in kleinen Serpentinen immer weiter hinauf bis auf den Gipfel. Drehen Sie sich unterwegs immer mal um: Der Blick geht über die geschwungene Küstenlinie von Dénia im

Norden bis nach Xàbia im Süden. An der Stelle, wo rechts der Wanderweg PR-152 nach Dénia abgeht, nehmen Sie den linken Pfad Richtung Spitze. Etwa 30 Min. nach dem Abzweig erreichen Sie die **Penya Roja**, einen rötlichen Felsüberhang, von dem aus der Leuchtturm am Cap de Sant Antoni zu sehen ist. Bis zum Gipfel ist es noch ca. 1 Std. Eine scharfe Linkskurve leitet über zu einem schwierigeren Zickzack-Kurs auf felsigem Untergrund, auf dem der Pfad kaum noch zu erkennen ist. Hier muss man sich seinen Weg durch die Felsen selbst suchen, aber es besteht keine Gefahr, sich zu verirren, da an jeder Kurve weiße und gelbe Markierungen die Richtung vorgeben. Zudem hat man den Gipfel schon vor Augen. Dann folgt ein gepflastertes Wegstück, bis die letzte Kletterpartie durch die Felslandschaft beginnt. Auf einem Felsplateau vereinen sich die Wanderwege von Dénia und Jesús Pobre mit dem aus Richtung Xàbia. Ein geodätischer Vermessungspunkt zeigt den eigentlichen Gipfel an.

Ende des 18. Jh. beschloss die französische Nationalversammlung, als Grundlage der neuen Längeneinheit Meter den zehnmillionsten Teil eines Erdmeridianquadranten zu nehmen – mit Hilfe von Triangulationen vermaß man diese Strecke vom Nordpol zum Äquator. Eins dieser Vermessungsdreiecke bildete der Montgó mit dem höchsten Berg Ibizas und dem Gipfel des Desert de Les Palmes in Castelló.

INFOS/ÖFFNUNGSZEITEN

Broschüren: Eine Beschreibung des Wanderwegs PR-CV355 erhält man in den Touristenbüros von Xàbia (▶ S. 55). Im Touristenbüro von Dénia (▶ S. 60) liegt ein Faltblatt zu drei weiteren Montgó-Wanderrouten aus.
Anfahrt: Kommt man von Dénia, zweigt der Wanderweg bei km 6,5 rechts von der Landstraße CV-736 ab. Die Zufahrt ist für Pkw gesperrt, in der Nähe gibt es

Parkmöglichkeiten an den Schießplätzen von Dénia oder Xàbia.
Dauer: hin und zurück ca. 4 Std.
Centre de Visitants del Parc Natural del Montgó: Finca del Bosc de Diana, Camí de Sant Joan 1, Dénia, T 966 46 71 55, www.parquesnaturales.gva.es, Mo, Mi, Fr 9–14 Uhr
Ausrüstung: Geeignete Wanderschuhe und ausreichend Wasser und Verpflegung sind unverzichtbar.

Faltplan: G 7

Valencia und Umgebung

Die Stadt mit dem Meistertitel im Brückenschlagen – und damit sind nicht nur die unzähligen ›ponts‹ gemeint, die sich über den Riu Túria und den Park im trockengelegten Flussbett spannen, sondern auch die Fähigkeit der Valencianos, Entgegengesetztes gekonnt zu verbinden: Stolz auf eine großartige historische Altstadt gepaart mit dem Mut, futuristische Architekturpläne umzusetzen. Wirtschaftlicher Ehrgeiz einer Boomtown Hand in Hand mit sprichwörtlicher Feierlaune, die im Zündelinferno der ›falles‹ gipfelt. Auch in den nahen Fischerhäfen und Weinorten ist man traditionsbewusst und gleichzeitig offen für die Ansprüche der Touristen.

València/Valencia

📖 E 5, Cityplan S. 69

»Vivir la vida«, das Leben genießen, so lautet das Motto der 800 000 Einwohner dieser überschaubaren Großstadt mit viel Lebensqualität. Nicht nur im gut erhaltenen historischen Kern in einer Schleife des trockengelegten Riu Túria kann man diese Vibrationen spüren, ebenso greifbar ist die Freude am Leben im alten Fischerviertel und in der quirligen Hafenzone.

Die Hauptstadt der Valencianischen Gemeinschaft ist mit 1,5 Mio. Einwohnern im Großraum die drittgrößte Stadt Spaniens und auch wirtschaftlich und kulturell von überregionaler Bedeutung. Im Zentrum finden sich Überreste aus der Zeit der römischen Stadtgründung von 138 v. Chr. Aber seine Blüte erreichte das ehemalige *Balansiya* unter arabischer Herrschaft. 1238 eroberte der aragonesische König Jakob I. die mittelalterliche Kaufmannsstadt zurück, doch auch nach der Christianisierung blieb das wichtigste Erbe der Mauren erhalten: ein Bewässerungssystem, dem Valencia sein fruchtbares Umland verdankt und das sich trotz des touristischen Baubooms bis heute erhalten hat.

WAS TUN IN VALENCIA?

Kultur rund um den Rathausplatz
Das wichtigste Gebäude an der **Plaça de l'Ajuntament** ■1 ist das namensgebende Rathaus mit seinem berühmten Uhrenturm (Mo–Fr 8–15 Uhr, Eintritt frei). Das große Jugendstilgebäude gegenüber beherbergt die **Hauptpost.** Ein paar Häuser weiter sehen Sie den modernistisch-klassizistischen Bau des **Ateneu Mercantil,** der Handelskammer aus den 1930er-Jahren. Aus der gleichen Zeit stammt das Rialto-Theater nebenan, mittlerweile eine **Filmothek**

mit interessantem Café-Club (www.caferialto.es). Der barock-churrigtereske Palast des Marqués de Dosaigües beherbergt das **Nationale Museum des Töpferhandwerks** ■2 (Poeta Querol 2, http://mnceramica.mcu.es, Di–Sa 10–14, 16–20, So/Fei 10–14, 3/1,50 €, Sa ab 16 Uhr u. So Eintritt frei). Das **Kulturzentrum La Nau** ■3, das seit dem 15. Jh. zur Universität von Valencia gehört, organisiert Ausstellungen, Theateraufführungen und Konzerte (Universitat 2, Ecke La Nau, Di–Sa 10–14, 16–20, So/Fei 10–14 Uhr).

Das Herz der Stadt samt Kathedrale
Die **Plaça de la Reina** ist das wahre Zentrum der Stadt. Zwischen den Grünanlagen des großen Platzes trifft man sich zum Weihnachts- oder Büchermarkt. Gönnen Sie sich eine Pause in einer der Bars und genießen dabei den Blick auf die **Kathedrale La Seu** ■4, mit deren Bau an Stelle der einstigen Hauptmoschee man im 13. Jh. begann. Heute präsentiert sich das Gotteshaus als Stilmix aus Romanik und Gotik mit barocken Zutaten (Pl. de la Reina s/n, T 963 92 43 02, www.catedraldevalencia.es, museocatedralvalencia.com, öffentliche Bereiche der Kirche tgl. 8–20.30 Uhr, Eintritt frei; Führungen und Museum Nov. Mo–Sa 10–17.30, So 14–17.30, Dez.–März Mo–Sa 10–17.30, sonst Mo–Fr 10–18.30, Sa 10–17.30/18.30, So 14–17.30 Uhr, 7/5,50 € inkl. Audioguide). Der schweißtreibende Weg 207 Stufen hinauf auf den achteckigen Kathedralturm **El Micalet**

führt an 14 Glocken vorbei und wird mit Rundumblick 70 m über der Stadt belohnt (tgl. 10–13, 16.30–19 Uhr, 2 €). Die **Plaça de la Mare de Déu** hinter der Kathedrale wird beherrscht von der barocken **Basilika Mare de Déu dels Desemparats** 5 und dem **Palau de la Generalitat** 6, dem im 15 Jh. im Stil der valencianischen Gotik errichteten Regierungssitz. Die Bronzefiguren rund um den modernen Brunnen in der Mitte des Platzes symbolisieren die acht Zuflüsse des Riu Túria. Hinter der Basilika zeigt das Archäologische Zentrum **L'Almoina** interessante Fundstücke aus der Geschichte der Stadt (Pl. Dècim Juni Brut s/n, Mo–Sa 10–19, So/Fei 10–14 Uhr, 2/1 €, So/Fei Eintritt frei).

Bummel um den Zentralmarkt

Selbst wenn Sie nichts einkaufen wollen, werfen sie einen Blick auf die Vielfalt in Valencias modernistischem **Zentralmarkt** 1, mit 8000 m² Verkaufsfläche eine der größten Markthallen Europas (www.mercadocentral valencia.es, Mo–Sa 7.30–15 Uhr). Oder überzeugen Sie sich in einer der umliegenden Bars, wie gut diese Köstlichkeiten frisch zubereitet schmecken. Gegenüber der Markthalle liegt die von der UNESCO zum Welterbe erklärte **Llotja de la Seda** 7, die im 15. Jh. von den Seidenhändlern der Stadt gegründete Handelsbörse. Im gotischen Saal mit gedrechselten Säulen und Sternengewölben wird nur noch sonntags gehandelt – und zwar mit Briefmarken

G GOURMET

Ricard Camarena ist eine Institution der spanischen Gastronomieszene und verwandelt alles in Gold, was er anfasst. An der **Central Bar** im Zentralmarkt 1 leckt man sich die Finger nach seinen Gourmet-Tapas (Stände Nr. 105–131, www.central bar.es, Mo–Sa 7–15 Uhr, ab 10 €).

Seit 1960 betreibt La Paca den Stand ihres Vaters im Mercat Central.

(Mo–Sa 9.30–19, So/Fei 9.30–15 Uhr, 2 €, So/Fei Eintritt frei). Nebenan wurde im 13. Jh. die gotische Kirche **Sant Joan del Mercat/Santos Juanes** 8 über einer Moschee errichtet. Auf der Suche nach einem Souvenir empfiehlt sich ein Abstecher zur **Plaça Redona** 2 mit futuristischer Überdachung.

Vivir la vida im Barri del Carme

Das Barri del Carme gilt als **Ausgehviertel**, bereits ab mittags pulsiert hier das Leben und die Tavernen und Tapa-Bars füllen sich. Alteingesessene Kneipen mit traditioneller Karte liegen Wand an Wand neben hochmodernen Designerlokalen mit kreativer Fusion-Küche. Wenn Sie die belebte **Carrer dels Cavallers** entlangschlendern, werfen Sie unbedingt einen Blick in die von außen eher schlichte gotische Kirche **Sant Nicolau** 9. Im Inneren werden Ihnen die leuchtenden Farben der frisch renovierten barocken Fresken von Dionís Vidal den Atem verschlagen (Cavallers 35, www.sannicolasvalencia. com, Juli–Sept. Di–Fr 10.30–21, Sa 10.30–19.30, So 11.30–21, sonst Di–Fr 10.30–19.30, Sa 10.30–18.30, So 13–20, Uhr, 5/4 €). Lassen Sie sich weiter durch die Gassen treiben und entdecken dabei die bezaubernde

kleine Markthalle **Plaça de Mossén Sorell** 3 oder die Plaça del Negret mit der Bronzestatue eines Kindes. An der Plaça del Carme ist ins namensgebende Karmeliterkloster das **Kulturzentrum Centre del Carme** 10 eingezogen (Museu 2, www.consorcimuseus.gva.es, Di–So 11–21 Uhr, Eintritt frei). Wahrhaft monumental sind die mittelalterlichen Torbauten der ehemaligen Stadtmauer, die Zwillingstürme der **Torres de Quart** 11 und der **Torres de Serrans** 12 können Sie auch besteigen (Mo–Sa 9.30/10–19, So/Fei 9.30/10–14/15, 2/1 €, So/Fei Eintritt frei).

Szeneläden in Russafa durchforsten

Das trendige Multikulti-Viertel zwischen den Bahngleisen und dem Park im Flussbett entstand im 19. Jh. im Rahmen der Stadterweiterung. Die ehemals runtergekommene Bahnhofsgegend ist zum Hotspot für angesagte Jugendkultur

und alternative Läden geworden. Doch langsam droht die Gentrifizierung des Viertels und steigende Preise beginnen die Künstlerszene zu vertreiben. In die restaurierte modernistische Halle des **Mercat de Colón** 1 sind Gastrostände, Bars und Geschäfte eingezogen. Bei Einbruch der Dunkelheit sollten Sie zur modernistischen **Estació del Nord** 13 von Demetrio Ribes spazieren, denn die Schönheit des 1917 fertiggestellten Bahnhofs kommt beleuchtet besonders gut zur Geltung.

Auftanken in der grünen Lunge

Wo ehemals der Riu Túria mitten durch die Stadt floss, wurde 1986 einer der größten städtischen Naturparks Spaniens eröffnet, der **Jardí del Túria**. 1957 war es zu gewaltigen Überschwemmungen mit 81 Todesopfern gekommen, weshalb der Fluss umgeleitet und sein altes Bett trockengelegt wurde. Wan-

4 Kathedrale La Seu
5 Basilika Mare de Déu dels Desemparats
6 Palau de la Generalitat
7 Llotja de la Seda
8 Sant Joan del Mercat/Santos Juanes
9 Sant Nicolau
10 Kulturzentrum Centre del Carme
11 Torres de Quart
12 Torres de Serrans
13 Estació del Nord
14–18 Stadt der Künste und der Wissenschaften
19 Botanischer Garten
20 Bioparc
21 El Cabanyal-El Canyamelar
22 El Grau
23 Institut Valencià d'Art Modern (IVAM)
24 Museu de Belles Arts
25 Museu Valencià de la Il·lustració i de la Modernitat (MuVIM)
26 Museu de l'Arròs
27 Museu Faller
28 Museu de l'Artista Faller de València
29 Bombas Gens – Centre d'Art
30 Museu de la Seda

In fremden Betten
1 Lotelito Rooms & Bar
2 Antigua Morellana
3 La Mozaira

Satt & glücklich
1 Mercat de Colón/ Suc de Lluna
2 Casa Carmela
3 Bodeguilla del Gato
4 Tasca Angel
5 Mercabanyal
6 Horchatería Santa Catalina

Stöbern & entdecken
1 Zentralmarkt
2 Plaça Redona
3 Plaça de Mossén Sorell
4 Librería Railowsky
5 Simple

Wenn die Nacht beginnt
1 Jimmy Glass
2 High Cube
3 L'Umbracle
4 Ubik Café
5 Café La Más Bonita Patacona
6 Café del Duende
7 Café de las Horas
8 Casa Montaña
9 La Peseta

Sport & Aktivitäten
1 DoYouBike

Sehenswert
1 Plaça de l'Ajuntament
2 Nationales Museum des Töpferhandwerks
3 Kulturzentrum La Nau

dern, radeln, joggen oder skaten Sie durch diese mehr als 9 km lange Oase, in der sich neben Spiel- und Sportplätzen auch Cafés und romantische Ecken finden. Sie passieren dabei insgesamt **18 Brücken:** Die historischen aus dem 15. bis 17. Jh. wirken monumental, während die modernen wie die Fußgängerbrücke Pont de Fusta oder der Pont de les Flors eher zu schweben scheinen. Am südlichen Ende, in der Nähe der futuristischen **Stadt der Künste und der Wissenschaften** 14–18 (▶ S. 70), erinnert Santiago Calatravas Pont de l'Assut de l'Or manchen an eine Harfe – andere an einen Schinkenhalter. Zwischen Norman Fosters Pont de les Arts und dem Pont de les Glòries Valencianes lohnt ein Abstecher in den 1802 neben dem Fluss eingeweihten **Botanischen Garten** 19 (Quart 80, www.jardibotanic.org, Metro: Túria, tgl. 10 Uhr bis Sonnenuntergang, 2,50/1,50 €). Im **Bioparc** 20 leben die Tiere in verschiedenen Habitats, die ihre afrikanische Heimat nachbilden (Av. Pío Baroja 3, www.bioparcvalencia.es, ab 10 Uhr bis Sonnenuntergang, 23,80 €/18 €).

#8

Zukunftsarchitektur – **Valencias Stadt der Künste und der Wissenschaften**

Das ist die Geschichte einer Metamorphose. Wie eine städtebauliche Tat eine Stadt so verändern konnte, dass es für immer ein Vorher und ein Nachher gibt. Am Anfang stehen ein verwahrlostes Territorium im trockengelegten Flussbett des Riu Túria und zwei Architekten mit einer Vision: Santiago Calatrava und Félix Candela.

Eine Stadt, die eher von Außerirdischen geschaffen scheint als von Menschen

P PANNEN

Die 2009 eingeweihte Multifunktionshalle **L'Àgora** 18 steht nun schon seit Jahren leer, es regnet durchs Glasdach und das Geld für nötige Reparaturen fehlt. Ein Symbol der Baumängel- und Kostenskandale, die zu Streitereien zwischen Calatrava und seiner Geburtsstadt Valencia führten. Doch nun ist ein glückliches Ende in Sicht: 2021 soll das Kulturzentrum Caixa Fórum València hier einziehen.

Gigantische Skulpturen

Weißer Beton, Stahl und Glas sind die dominanten Materialien, geschwungene Linien, Asymmetrien, der Verzicht auf rechte Winkel, das Zurückgreifen auf organische Formen und das Spiel mit dem natürlichen Licht schaffen eine besondere Ästhetik. Auch heute noch erscheint die fantastische Architektur der Objekte wichtiger als ihr Inhalt. 1994 begannen die Bauarbeiten, die auf einer Länge von knapp 2 km die avantgardistische Ciutat de les Arts i de les Ciències (CAC) schufen, eine Mischung aus Museumskomplex und Vergnügungspark. Als erste Gebäude wurden 1998 das Kino und das Aquarium eröffnet.

Aquarium der Superlative

Das **L'Oceanogràfic** 14, mit über 50 000 Tieren der größte Meerespark Europas, umfasst mehrere Gebäude von Félix Candela. Seine rund 42 Mio. l Salzwasser, die über eine Pipeline aus dem Meer kommen, entsprechen dem Fassungsvermögen von 15 olympischen Schwimmbecken. In einem 70 m langen Aquariumtunnel tauchen Sie förmlich in die Welt der Ozeane ein. Das Haupthaus mit dem **Unterwasser-Restaurant** ❶ erinnert architektonische gesehen an eine Seerosenblüte.

Palast des Wissens und IMAX-Kino

Im dreistöckigen **Museu de les Ciències Príncipe Felipe** 15, 2003 eingeweiht, nutzt man Spieltrieb und Neugierde der Besucher, um wissenschaftliche Erkenntnisse auf verständliche Weise zu vermitteln. Die Form des Gebäudes erinnert an ein monumentales Dinosaurierskelett.

Das **L'Hemisfèric** 16, Calatravas Kino in Form eines gigantischen menschlichen Auges samt Lid, hat eine 900 m² große gewölbte Leinwand – für Filme im IMAX-Format, Laser-Shows oder Weltraumsimulationen im Stil eines Planetariums.

Spektakulärer Musentempel

Auch der 2005 eröffnete **Palau de les Arts Reina Sofía** 17 zeigt Calatravas Handschrift. Das 75 m hohe Opernhaus mit vier Bühnen liegt mit seiner ovalen Form wie ein weißes Schiff im Wasser. Das auffallendste Element ist die an eine Feder erinnernde Dachkonstruktion aus Metall.

M
MOSAIK

Es bröckelt. Im *trencadís*, mit dem nicht nur Teile des **Operndachs**, sondern z. B. auch die phantasmagorischen Belüftungsschächte am **L'Umbracle** verkleidet sind, mussten in den letzten Jahren bereits Millionen von Keramikscherben ersetzt werden.

INFOS/ÖFFNUNGSZEITEN
Ciutat de les Arts i de les Ciències: Av. del Saler 1–7, T 961 97 46 86, www.cac.es, Kombiticket ab 38,20/28,80 € (gültig für 1–3 Tage)
L'Oceanogràfic 14: tgl 10–18/20/24 Uhr, 29,10/21,85 €; **Restaurant** 1: T 662 86 05 95, Mittagsmenü ab 36 €.
Museu de les Ciències Príncipe Felipe 15: tgl. 10–18/19/21 Uhr, 8/6,20 €

L'Hemisfèric 16: Vorführungen ab 10 Uhr, ca. 50 Min., 8/6,20 €
Palau de les Arts Reina Sofía 17: www.lesarts.com, Sept.–Juli mehrmals tgl. Führungen (engl./span.) ab 11 Uhr, Dauer ca. 1 Std., 11/8,80 €
Metro: Alameda und Ayora
Stadtbuslinien: 19, 35, 40 und 95
Parken: L'Umbracle (tgl. 8–24 Uhr) und L'Oceanogràfic

Faltplan: E 5, Cityplan: S. 69

Auf der Plaça de la Mare de Déu beeindruckt die Weite des Raums im Zusammenspiel mit den monumentalen Bauten. Schon in der Antike lag hier das Forum Romanum an der Kreuzung der beiden Hauptstraßen der römischen Stadt.

Meerluft schnuppern

Im ehemaligen Fischerviertel **El Cabanyal-El Canyamelar** 21 liegen einige der mit bunten Kacheln verzierten Häuser halb in Trümmern, während andere gerade restauriert werden. Manche alten Industrieareale erstrahlen bereits in neuem Glanz als Museen, kleine Theater oder alternative Konzertsäle. Beim Spaziergang entlang der Platja del Cabanyal werden Sie einige der im 19. Jh. erbauten Kurhotels entdecken. Im Süden schließt sich das Hafengebiet **El Grau** 22 an, wo die Gebäude der Werften aus dem 14. Jh. (Pl. Juan Antonio Benlliure) einen interessanten Kontrast bilden zu modernen Bauten wie dem minimalistischen **Pavillon Veles e Vents,** den David Chipperfield und Fermín Vázquez als Wahrzeichen für den America's Cup 2007 am Sporthafen Marina de València errichteten (www.veleseventsvalencia.es, Metro: Marítim-Serrería).

MUSEEN, DIE LOHNEN

Künstlerische Avantgarde

Das **Institut Valencià d'Art Modern (IVAM)** 23 beherbergt eine interessante Sammlung zeitgenössischer spanischer Kunst, u. a. Plastiken des ›Eisenkünstlers‹ Julio González. In der Sala de la Muralla (Sala Pinazo, zugänglich über einen Seitenflügel) ist ein Teil der historischen Stadtmauer zu sehen.

Guillem de Castro 118, www.ivam.es, Metro: Túria, Di–Do, Sa/So 10–19, Fr 10–21 Uhr 6/3 €, Fr 19–21, Sa 15–19, So und für Rentner Eintritt frei

Die großen Maler

Das **Museu de Belles Arts** 24 zeigt in einem ehemaligen Priesterseminar aus dem 17. Jh. eine große Sammlung historischer Altarbilder der Region. Daneben besitzt es Gemälde von Van Dyck, Murillo, Velázquez, El Greco und Goya sowie valencianischer Maler des 19. und 20. Jh., darunter Benlliure, Pinazo oder Sorolla. Auch zeitgenössische Kunst und Archäologie haben eigene Abteilungen.

San Pío V 9, www.museobellasartesvalencia.gva.es, Di–So 10–20 Uhr, Eintritt frei

Museum der Ideen

Worauf basiert unsere moderne Wissenschaftsgesellschaft? Welche Rolle spielen dabei die Denker der Aufklärung? Und wohin wird sich die globalisierte Welt weiterentwickeln? Diese Fragen und ähnliche versucht das **Museu Valencià de la Il·lustració i de la Modernitat (MuVIM)** 25 mithilfe eines interaktiven Konzepts zu beantworten.

Quevedo 10/Guillem de Castro 8, www.muvim.
es, Di–So 10–14, 16–20, So/Fei 10–20 Uhr,
2/1 €, Sa/So, Fei Eintritt frei

Es klappert in der Reismühle

Das liebevoll gestaltete **Museu de
l'Arròs** spannt den Bogen zur Geschichte des Reisanbaus in aller Welt.
Rosari 3, Metro: Marítim-Serrería, Di–Sa 10–14,
15–19, So/Fei 10–14 Uhr, 2/1 €, So/Fei Eintritt
frei

- -

SCHLEMMEN, SHOPPEN, SCHLAFEN

🏠 In fremden Betten

Modernes Design
Lotelito Rooms & Bar ❶
Das kleine Hotel punktet auch durch
sein nettes Restaurant.
Carrer de Viruès 6, T 963 06 09 30, www.loteli
to.com, DZ 75–160 €, auch Loft für 2–6 Pers.

Farbenfrohes Interieur
Antigua Morellana ❷
Familiäre Pensión im Barri del Carme.
En Bou 2, T 963 91 57 73, www.hostalam.com,
DZ 70–100 €

Traumhafter Garten mit Pool
Hotel La Mozaira ❸
In diesem Landgut aus dem 17. Jh.
stimmt jedes Detail. Gutes Restaurant.

- -
RETTUNG VOR DEN FLAMMEN

Beim Stadtfest *falles* (▶ S. 5
und www.fallas.com) überlebt nur
der *ninot* das Feuer. Er wird als
beste Figur der Saison prämiert, um
im **Museu Faller** ㉗ ausgestellt zu
werden (Pl. Monteolivete 4, Mo–Sa
10–19, So/Fei 10–14 Uhr, 2/1 €,
So/Fei Eintritt frei). Um die Herstellung der *falles* geht es im **Museu
de l'Artista Faller de València**
㉘ (San José Artesano 17, www.
gremiodeartistasfalleros.es, Bus
12 u. 28, Sept.–Juli Mo–Fr 10–14,
16–19, Sa 10–14, 4/3 €).
- -

Der Szene den Puls fühlen dürfen
Sie im Kunstzentrum **Bombas Gens
– Centre d'Art** ㉙, das seit 2017
einen Industriekomplex von 1930
mit wechselnden Ausstellungen
und Aktivitäten zum Leben erweckt
(Av. de Burjassot 54–56, T 963
46 38 56, www.bombasgens.com
Metro: Túria, Juli/Aug. Mi 17–21,
Do–So 11–14, 17–21, sonst Mi
16–20, Do–So 11–14, 16–20 Uhr,
Eintritt frei). Dass auch Kochen eine
Kunst ist, beweist Ihnen Sternekoch
Ricard Camarena in seinem Res-
taurant auf dem Gelände (T 963 35
54 18, www.ricardcamarenarestau
rant.com, Di–Sa 13.30–15, 20–22
Uhr, Menü 68–155 €).

Camino del Magistre 50, Alboraya (7 km nördl.
von Valencia), T 961 85 09 24, www.lamozaira.
com, DZ ab 150 € inkl. Frühstück

- -

🍴 Satt & glücklich

Bio pur
Suc de Lluna ❶
Von Kaffee über Kuchen, vegane Ham-
burger und Bier – alles *ecològic*.
Jorge Juan s/n (Mercat de Colón), T 603 77 24
52 (Reservierung nur über WhatsApp), www.
sucdelluna.com, tgl. 8.30–23/0.30 Uhr

Es gibt Reis, Baby!
Casa Carmela ❷
1922 fing alles mit einer Umkleidekabi-
ne am Strand von Malvarrosa an, heute
steht hier ein großes Paella-Restaurant.
Isabel de Villena 155, www.casa-carmela.com,
Di–So 13–16 Uhr, rund 30 €

Der Charme der Bohème
Bodeguilla del Gato ❸
Wie wäre es mit *pulpo* und fritierten
Paprika? Hier trifft man sich, um die aus-
führliche Tapa-Liste durchzuprobieren.

S
SEIDE

Valencia war im Mittelalter eine der Hochburgen der Seidenproduktion und exportierte bis ins 19. Jh. den begehrten glänzenden Stoff in alle Welt. Daran erinnert das Seidenmuseum **Museu de la Seda** `30`, das 2016 im Zunfthaus der Seidenhändler aus dem 15. Jh. eröffnet wurde (Hospital 7, www.museodelaseda valencia.com, Mo/So 10–15, Di–Sa 10–18/19 Uhr, 6/4,50 €, Kombiticket mit der Kirche San Nicolás 7/6 €).

Catalans 10, T 963 91 82 35, tgl. 20–00.30/1.30 Uhr, ab 15 €

Traditionelle Tapas
Tasca Angel `4`
Mittlerweile hat Angels Enkel die 1946 von seinem Großvater eröffnete Stehkneipe übernommen und schenkt Barbadillo aus, den Weißwein der Fischer.
Puríssima 1, Mo–Sa 10.30–15, 19–23 Uhr, Aug. geschl., ab 10 €

Mediterraner Gastro-Markt
Mercabanyal `5`
Blau-weiß maritim zeigt sich der neue Kulinaria-Hotspot, innen ist der Blick in den Himmel offen. Doch die meisten schauen zu den Tapa-Kreationen auf dem Teller.
Eugènia Viñes (El Cabanyal) 225, Mi–So 11–24/0.30 Uhr

Hübsch gekachelt
Horchatería Santa Catalina `6`
Noch nie gekostet? Dann wird es Zeit: Erdmandelmilch wie vor 200 Jahren.
Pl. Santa Catalina 6, www.horchateriasanta catalina.com, tgl. 8.15–21 Uhr

 Stöbern & entdecken

Valencia ist ein Einkaufsparadies. Im Zentrum gibt es viele gute Modegeschäf-

te, z. B. in den Straßen **Marqués de Dosaigües** und **Poeta Querol** sowie rund um den **Mercat de Colón** `1`. Hier im Russafa-Viertel haben junge Leute kleine Läden eröffnet, in denen nachhaltiger Konsum ein Thema ist. Im **Barri del Carme** findet man charmante Boutiquen. Kunsthandwerk wird auf der runden **Plaça Redona** `2` angeboten (s. auch www.shoppinginvalencia.com).

Kult-Buchhandlung
Librería Railowsky `4`
Auch Lesungen und Ausstellungen zu den Spezialgebieten Kunst, Fotografie und Design oder Film und Journalismus.
Gravador Esteve 34, www.railowsky.com, Mo–Fr 10–14, 17–20.30, Sa 10–14 Uhr

Echte Handarbeit
Simple `5`
Geschenke und Accessoires, alles in Spanien gefertigt aus Stroh, Blech …
Caixers 2b/Danses 5b, simple.com.es, Mo–Sa 10–14, 17–20.45, So 10.30–14.30 Uhr

 Wenn die Nacht beginnt

Zentren des Nachtlebens sind das Russafa-Viertel südlich der Stierkampfarena sowie der Barri del Carme, in dem sich das **Jimmy Glass** ⚜ findet, Valencias wichtigster Jazzclub (Baix 28, www. jimmyglassjazz.net, Mo–Sa 20/21–2.30/3.30 Uhr). Auf der Suche nach tanzbarer Musik ziehen Nachteulen zum Sporthafen – z. B. in die Open-Air-Disco **High Cube** ⚜ (Marina de Valencia, www.highcube.es, tgl. 13–3.30 Uhr) – oder ins futuristische Ambiente des **L'Umbracle** ⚜ (www.umbracleterraza. com, Do–Sa 0–7,30 Uhr).

Alternative Szene
Ubik Café ⚜
Im gemütlichen Lokal mit Buchhandlung beim Russafa-Markt trifft man sich zum Plaudern mit Freunden. Auch Livemusik und kulturelle Veranstaltungen.
Literat Azorín 13, T 963 74 12 55, www. ubikcafe.blogspot.com, So–Do 12–24, Fr/Sa 12–2 Uhr

Strandleben im Abendlicht
Café La Más Bonita Patacona ⑤
Blau und Weiß, Holz und Naturstein
drücken die Leichtigkeit des Seins aus.
Paseo Marítimo de la Patacona 11, Alboraya,
T 961 14 36 11, www.lamasbonita.es, So–Do
8–1, Fr/Sa 8–1.30 Uhr

Authentischer Flamenco
Café del Duende ⑥
Musik und Tanz voller Verve dargeboten.
Túria 62, T 630 45 52 89, www.cafedelduende.
com, Do 21.15–2.30, Fr/Sa 21.45–3.30, So
18.15–23, Liveacts Do ab 22.30, Fr/Sa ab 23,
So ab 20 Uhr

Relaxed
Café de las Horas ⑦
Gern lässt man den Abend im ›Stunden-
café‹ unter Kronleuchtern ausklingen.
Conde de Almodóvar 1, T 963 91 73 36,
www.cafedelashoras.com, tgl. 10–2 Uhr

. . . .

🏄 Sport & Aktivitäten

Baden
Valencias Hausstrände sind die **Platja
de la Malvarrosa** und die **Platja Levante** nördlich des Hafens. Schöner sind
die feinsandigen, Dünenstrände von **El
Saler** und **La Devesa** im Süden.

Radverleih
DoYouBike ①
Tour durch den Túria-Park mit Anschluss
an Routen zur Platja El Saler und zum
Parc Natural de l'Albufera (▶ S. 80).
Del Mar 14, T 963 15 55 51, www.doyoubike.
com, tgl. 9.30–14, 17–20 Uhr, ab 10/15 €/Tag

W
WASSER

Der Signature Drink der Stadt ist **Ai-
gua de València:** Sekt oder Cham-
pagner mit Orangensaft, Wodka und
Gin. Als Gruppe bestellt man gleich
eine ganze Kanne ›valencianisches
Wasser‹ und genug Sektschalen.

BODEGAS AM HAFEN

In der **Casa Montaña** 🏛 feiert
man zwischen riesigen Fässern
und alten Stierkampfplakaten
(José Benlliure 69, El Cabanyal,
www.emilianobodega.com, Mo–Fr
13–16, 19.30–23.30, Sa 12.30–16,
19.30–23.30, So 12.30–16 Uhr, ab
10 €). Im **La Peseta** 🏛 trinkt man
zur Livemusik gern einen Wermut
(Crist del Grau 16, El Grau, Mi/
Do 19.30–23.30, Fr–So 12.30–17,
19.30–00.30 Uhr, ab 10 €).

. . . .

INFOS
. . . .

Touristeninformation: Pl. Ajuntament
1, T 963 52 49 08, www.visitvalencia.
com, Mo–Sa 9.30–18.30, So/Fei 10–
13.30 Uhr, weitere Büros: Paz 48, Paseo
de Neptuno 3, Bahnhof und Flughafen
Stadtrundfahrt: Valencia Bus Turistic,
T 699 98 25 14, www.valenciabusturistic.
com, ab 9.30 Uhr, 24-Std.-Ticket 1 / €.
Doppeldeckerbusse auf drei Routen: Die
historische Stadt, Stadt am Meer und L'Albufera inklusive Schiffstour (▶ S. 80)

*Die Hauswände im Barri del Carme sind
ein beliebtes Laboratorium für Street-
Art-Künstler.*

Auf der Suche nach Bacchus – **Ausflug ins Weinbaugebiet Utiel-Requena**

Sind Sie bereit für eine sinnliche Reise zum Gott des Weins? Zwar wuchsen hier bis ins 18. Jh. vorwiegend Maulbeerbäume, denn Requena gehörte zu den wichtigsten Seidenlieferanten in Spanien. Doch heute öffnet sich Ihnen auf dieser weitläufigen Hochebene eine farbig duftende Tür in die Welt der Önologie. Hereinspaziert!

Die Vielfalt der Rebsorten ist groß, besonders häufig sieht man die rote Bobal.

WEINFEST

Von Mitte August bis Mitte September wird viel gefeiert in Requena und Utiel. Am letzten Dienstag im August werden bei der **Noche de la Zurra** in Requena die ersten Weintrauben des Jahres gestampft. In dieselbe Zeit fällt die dortige **Weinmesse** (www.ferevin.com), bei der natürlich auch gut gegessen wird.

Requena, die Hauptstadt des Weinbaus

Der Zugang in die Barri de la Vila genannte alte maurische Medina liegt beim mächtigen Burgturm **Torre de l'Homenatge** 1. Über die Plaça del Castell kommen Sie zum interessanten Seidenmuseum **Casa de l'Art Major de la Seda** 2 und zu den Kirchen **El Salvador** 3 und **Santa Maria** 4 mit ihren spätgotisch-isabellinischen Portalen. Der Palau del Cid aus dem 15. Jh. beherbergt das Weinmuseum **Museu del Vi** 5. Ganz in der Nähe findet sich der **Arc de l'Ovejero** 6, ein Tordurchgang in der arabischen Mauer. Besonders hübsch ist die schmale **Carrer de la Presó** 7, die zur Plaça d'Albornoz führt, die Sie sich endgültig in die Renaissance zurückversetzt fühlen. Besuchen Sie hier das Weinkellermuseum **Coves de la Vila** 8 mit 22 unterirdischen Verliesen. Nun haben Sie sich aber wirklich ein Gläschen verdient: Wie wäre es mit einer Pause im **Mesón La Villa** 1 direkt am Platz?

Wo Wein und Honig fließen …

Das Weinstädtchen **Utiel** ist auch für seine Honigproduktion bekannt. Den Mittelpunkt der Altstadt bilden die gotische Kirche **Església de l'Assumpció** (16. Jh.) und das Ende des 18. Jh. erbaute **Rathaus**. Wer sich für die Weinproduktion interessiert, sollte unbedingt das **Museu del Vi** in der alten Weinkellerei **Bodega Redonda** besuchen, einem schönen Rundbau von 1891.

Touristeninformation: García Montes s/n, Requena, T 962 30 38 51, www.turismorequena.es, Di–Sa 10–14, 16/17–19/20, So 10–14 Uhr. Infos zum Thema Wein: www.rutavino.com

Torre de l'Homenatge **1**: Fortalesa s/n, Requena, Di–So 10.30–14, 16/17–19/20 Uhr, 2/1,50 €

Casa de l'Art Major de la Seda **2**: Castell 5, Requena, T 639 61 96 07, www.casasedarequena.com, Di–Sa 11–14, 17.30–20, So 11–14 Uhr, 2 €

Museu del Vi de Requena **5**: Somera s/n, T 962 30 32 81, Di–So 10.30–14, 16/17–19/20 Uhr, 2/1,50 €

Coves de la Vila **8**: Pl. d'Albornoz 5, Requena, Di–So 10.30–14, 16/17–19/20 Uhr, 4/3 €

Museu del Vi/Bodega Redonda: Sevilla 12 (dem Bahnhof gegenüber), Utiel, T 962 17 10 62, www.bodegaredonda.com, Di–So 10.30–14 Uhr, Eintritt frei. Ab 6 Pers. Weinproben, auch Führungen und Aroma-Workshops.

Anfahrt: Mit dem PKW von Valencia ca. 70 km auf der A-3. Nahverkehrszüge der Linie C-3 fahren von Valencia nach Requena und Utiel.

Im Geschäft der Weinmesse **Tienda de Ferevin** in Requena gibt es von Oktober bis Juni an den ersten beiden Samstagen im Monat um 13 Uhr eine Weinprobe mit Vortrag für 3 € (Cuesta de las Carnicerías s/n, T 962 30 57 06, www.ferevin.org, Mo–Fr 11–14, 16–19, Sa 11–14.30, 16–19, So 11–14.30 Uhr).

Seit 1808 ist das Weingut **Pago de Tharsys** in Familienhand, nun haben Vicente García und Ana Suria es den modernen Zeiten angepasst und setzen auf Bio-Weine und nächtliche Traubenernte von Hand (Paraje de Fuencaliente s/n, N-III, km 276, am Ortsausgang von Requena Richtung Utiel, T 962 30 33 54, www.pagodetharsys.com, nach Anmeldung Mo–Fr 9–14, 16–19, So/Fei 10.30–14 Uhr Tour mit Wein- und Sektverkostung ab 8 €).

Zum Wein gehört natürlich auch das Essen, in Requenas Restaurants werden marktfrische Zutaten nach traditionellen Rezepten zubereitet, z. B. im **Mesón La Villa** **1** (Pl. d'Albornoz 13, T 962 30 21 32, Di 20.30–23/24, Mi–So 12.30–16, 20.30–23/24, im Sommer auch Mo 20.30–24 Uhr, ab 25 €), im **Restaurante/Hotel La Villa** **2** (Pl. d'Albornoz 8, T 962 30 12 75, www.hotellavillarestaurante.com, tgl. 12–15.30, 20–23.30 Uhr, Menü ab 15 €) oder im **Mesón Fortaleza** **3** (Pl. del Castell 3, T 962 30 52 08, www.restauranteenrequena.com, Do–Mo 12.30–16, 20.30–24, Di 12.30–24 Uhr, Menü ab 12 €).

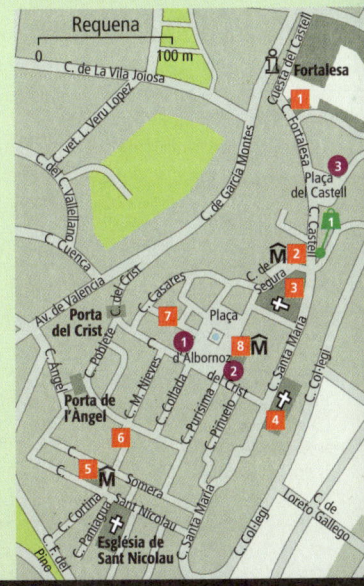

Valencia Tourist Card: für Bus, Metro, Straßenbahn Zone ABCD, www.visitva lencia.com/valencia-tourist-card, ein Tag 15 €, zwei 20 €, drei 25 € (online günstiger), Ermäßigungen in vielen Museen, Restaurants etc.

Stadtbusse/Straßenbahnen: Empresa Municipal de Transportes, T 963 15 85 15, www.emtvalencia.es, Einzelticket 1,50 €, 10er-Tickets: Bonobús Plus 8,50 €, Bono Transbordo (Bus und Metro) 9 €/1 Zone, 15,50 €/2 Zonen; Tagestickets für Bus, Straßenbahn und Metro Zone A: T1 (1 Tag) 4 €, T2 6,70 €, T3 9,70 €; wiederaufladbare Móbilis-Karte 2 €. Verkehrsknotenpunkt ist die Plaça del Ajuntament. Bus Nr. 25 nach El Saler und El Palmar (L'Albufera).

Metro: T 900 46 10 46, www.metro valencia.com, Einzelticket 1,50 €/1 Zone, 2,10 €/2 Zonen, 10er-Ticket Bo nometro 7,60 €/1 Zone, 11 €/2 Zonen. Sechs U-Bahn-Linien. Linie 3 und 5 sind in ca. 30 Min. am Flughafen (▶ S. 110).

Busse: Busbahnhof, Av. Menéndez Pidal 13, T 963 46 62 66. Nach Alicante, Castelló und zu größeren Küstenorten, ▶ auch S. 112. HERCA-Busse nach Segorbe und Montanejos. (T 963 49 12 50, www.au tocaresherca.com.

Züge: Regelmäßige Pendelbusse zwischen Estació del Nord (Nahverkehr/ mittlere Distanz, Xàtiva 24, Metro: Xàtiva) und Estació Joaquín Soroll (Fern verkehr, San Vicente Mártir 171, Metro: Bailén oder Jesús).

Fähren: Verbindungen nach Ibiza, Palma de Mallorca und Maó (Menorca), www. trasmediterranea.es

Taxi: T 963 70 33 33, 963 57 13 13

TERMINE

Falles: 12.–19. März, ▶ S. 5

Corpus Cristi: An Fronleichnam repräsentiert ein Mann mit verhülltem Gesicht und weißem Kleid beim Tanz der *moma* die Tugend.

Internationales Musikfestival für symphonische Blasorchester: Juli. Seit über 130 Jahren jeden Sommer (www.cibm-valencia.com)

IN DER UMGEBUNG

Weinbaugebiet Utiel-Requena: ▶ S. 76

L'Albufera: ▶ S. 80

Abtauchen ins Mittelalter

Rund 57 km nördlich von Valencia fassen die Stadtmauerreste von **Segorbe** (📖 E 3) ein mittelalterliches Ensemble mit Kathedrale, Bischofspalast und Burgruine ein. Ein Schauspiel ist das Fest ›Ankunft der Stiere und Pferde‹

Die Antwort auf die Wirtschaftskrise lautet im Barri Russafa Kreativität. Neben Vintage-Shops treffen Sie an jeder Ecke auf kleine alternative Läden, die dem Viertel eine neue Coolness bescheren.

Ende August. 1 km außerhalb am Riu Palància steht ein Brunnen mit 50 Wasserspeiern, die die spanischen Provinzen repräsentieren (www.segorbe.es). Etwa 5 km von Segorbe entfernt lohnen auch der historische Kern von **Navajas** (🕮 E 3) sowie der 30 m hohe Wasserfall **Cascada del Brazal** den Besuch.

Per Boot durch die Xúquer-Schlucht

Von Valencia sind es rund 90 km zum **Stausee von Cofrentes** (🕮 C 6), an dem Bootstouren durch die spektakuläre Schlucht des Riu Xúquer (Río Júcar) nach Cortes de Pallás starten (🕮 D 6, Crucero Fluvial, T 961 89 47 27, www. suaventura.com, Mitte März–Anfang Dez. Mi–So, 5 Abfahrten tgl. ab 10 Uhr, Dauer ca. 1 Std. 30 Min., 16/11 €, tel. oder online reservieren!). In der Nähe können Sie das Thermalbad **Hervideros de Cofrentes** (🕮 C 6, T 961 89 40 25, www.balneario.com) besuchen sowie die beeindruckende **Don-Juan-Höhle** in Jalance (🕮 C 6, T 962 19 60 11, www. cuevadedonjuan.es, Juli–Mitte Okt. tgl., Mitte Okt.–Dez., Marz–Juni Sa/So, Fei 10.45–14.30 Uhr, 7/5 €).

Cullera 🕮 F 6

Vielleicht träumen Cullera und seine rund 22 000 Einwohner davon, so berühmt zu werden wie Hollywood. Jedenfalls thront der Name des Ortes in großen weißen Lettern auf dem Stadtberg oberhalb der Mündung des Riu Xùquer, um Ankömmlinge willkommen zu heißen. Abgesehen vom Tourismus lebt der Ort von den Reisfeldern und den Orangenplantagen, in die er eingebettet ist.

Burg und Stadt erkunden

Auf dem Berg errichtete Jakob I. über einem arabischen Vorgängerbau die **Burg**, in deren gotischer Kapelle heute das **Archäologische Museum** untergebracht ist (Di–Sa 10–13, 17.30–20.30 Uhr, 3/1 €). Im 19. Jh. stellte man der Festung die neogotische Wallfahrtska-

pelle Mare de Déu del Castell zur Seite. Unterhalb der Wehranlage Albacar mit dem Turm der Maurenkönigin schließen sich die steilen Gassen des Barri del Pou an. In der Altstadt sollten Sie sich die Kirche **Església dels Sants Joans** (18. Jh.), das **Rathaus** und die **Markthalle** anschauen, in die ein Konzertsaal integriert ist. Schöne Häuser im modernistischen Stil finden Sie in den Straßen València, Ríu und Cervantes. Der kleine **Fischerhafen** am Flussufer erwacht in den frühen Abendstunden zum Leben, wenn die Boote ihren Fang ausladen.

Meerluft schnuppern

Lassen Sie sich am **Cap de Cullera,** das die weite ›Orangenbucht‹ im Norden abschließt, den Wind um die Nase wehen. Heute hält hier keiner mehr Ausschau nach Piraten. Doch in einer Höhle in der Nähe des Leuchtturms erinnert das **Museo-Cueva del Pirata Dragut** an die Zeiten des türkischen Korsaren, der im 16. Jh. die Stadt komplett plünderte (T 605 99 27 12, im Sommer tgl. 9–23, sonst Mo–Fr, So 9–14, Sa 9–23 Uhr, 5/3 €). Ruhiger geht es an der zum Meer hin offenen **Lagune von L'Estany** zu, 4 km südlich der Flussmündung. Ein naturnaher Uferpfad erlaubt Ihnen, Menschen und Vögeln beim Fischen zuzuschauen.

🍴 Toller Blick
Casa Salvador

Die kulinarische Institution an der Lagune von L'Estany verwöhnt ihre Gäste mit einer großen Auswahl an Fisch, Meeresfrüchten, Reis und Gemüse.

Av. de l'Estany s/n, T 961 72 01 36, www. casasalvador.com, tgl. 13–17, 21–24 Uhr, à la carte ab 35 €

🌊 Baden und Beachen

Die breite, feinsandige **Platja de Sant Antoni** erstreckt sich vor einer Hotel- und Apartmentmeile: 15 km Strand! FKK-Strand an der **Platja Mareny de Sant Llorenç** Richtung Valencia.

🌊 Wassersport

Surfen und Segeln kann man am besten in **Racó** und am **Cap Blanc,** Kitesurfen

Reiher, Reis und Reetdächer – **die Albufera von Valencia**

Wie war es wohl, hier zu leben, als El Palmar noch eine Insel war und man die Boote mit langen Stangen über den flachen See stakte? Eine imaginäre Reise in die Vergangenheit fällt leicht, da sich die typischen barracas, jahrhundertealte reetgedeckte Hütten erhalten haben, in denen früher Fischer und Reisbauern wohnten.

Das Dorf ist auch heute noch klitzeklein, nicht viel mehr als vier Straßen, obwohl es die Haupteintrittspforte zum **Parc Natural de l'Albufera** bildet, einem der wichtigsten Feuchtbiotope an der spanischen Mittelmeerküste.

Um Valencia wirklich kennenzulernen, müssen Sie auch die Albufera besuchen.

Der größte See Spaniens

Die rund 24 km² große **Albufera-Lagune** `1` verdankt ihre Entstehung einem Landstreifen, der die einst offene Bucht zwischen Valencia und Cullera vom Meer abtrennte. Vor rund 6000 Jahren bildete sich diese heute **La Devesa** `2` genannte Nehrung durch Ablagerungen aus den Flusstälern von Xúquer und Túria. Das ehemals salzige Wasser des Sees hat sich durch Quellzuflüsse im Westen des Naturparks mittlerweile in Süßwasser verwandelt. Doch über schmale Kanäle ist die Lagune weiterhin mit dem Meer verbunden, um den Wasserstand zu regulieren.

A
AAL

Aristoteles soll vermutet haben, der Aal stamme aus dem Schlamm und sei ein Verwandter des Regenwurms. Auf alle Fälle fühlen sich Aale sich im Albufera-See mit seiner durchschnittlichen Tiefe von 1 m sehr wohl. Gefischt werden sie von Oktober bis Februar mit einem halboffenen runden Netz, dem *mornell*. Das lokaltypische Gericht *All i pebre de anguila* (Aal mit Knoblauch und Pfeffer) wird mit Kartoffeln serviert.

Grundlage der Paella

Seitdem die Araber im 15. Jh. begannen, hier Reis anzubauen, prägen **Reisfelder** `3` die Landschaft der Albufera. Sie bedecken heute etwa 14 km² des über 210 km² großen Naturparks. Ein komplexes System von Bewässerungskanälen (*golas*) steuert den Kreislauf der Feldüberschwemmungen. Geerntet wird von September bis Oktober, einen Monat später werden die Felder wieder überflutet, um im Mai neuen Reis anpflanzen zu können. Angebaut werden vorwiegend die traditionellen Sorten Bomba, Senia und Bahía.

Momentan werden hier jährlich ca. 4500 t geerntet, das entspricht rund 15 % der spanischen
Reisproduktion. Der Reisanbau hat die valencianische Küche zutiefst beeinflusst und ihr die Paella
beschert, ein typisches Gericht der Albufera.

Sumpfbewohner

Egal aus welcher Richtung man sich dem Seeufer
nähert, immer wird man unzählige **Vögel** antreffen. Rund 400 verschiedene Arten brüten in diesem Revier oder machen hier auf ihrem Vogelzug
Rast. Die etwa 300 ha große Uferzone ist dicht
mit **Sumpfpflanzen** bewachsen, die Vögeln und
anderen Wirbeltieren als Unterschlupf dienen. Typisch für die Flora der Gegend sind neben Schilf-
und Rohrgewächsen auch Schwertlilien.

F
FRAUEN

Jahrhundertelang war
der Beruf des Fischers
hier Männern vorbehal-
ten. Frauen kümmerten
sich traditionell um Haus
und Familie. Doch eine
Gruppe entschlossener
Frauen hat ihr Recht auf
Gleichberechtigung vor
Gericht erstritten: Seit
2008 nimmt die Fischer-
vereinigung der Albufera
auch Fischerinnen auf.

INFOS/ÖFFNUNGSZEITEN
Umweltinformationszentrum: Racó
de L'Olla, CV-500, km 10,5, T 963 86
80 50, www.parquesnaturales.gva.es,
Mo–Fɪ 9–14 Uhr
Anfahrt: von Valencia EMT-Bus Nr. 25
nach El Palmar, auch Angebote von
Valencia Bus Turistic inkl. Bootstour
(▶ S. 75)

DEN NATURPARK ERKUNDEN
Am Informationszentrum starten zwei
Wanderwege mit Haltepunkten zur
Vogelbeobachtung (geführte Touren mit
Albufera Parc, T 666 67 29 74, www.
albuferaparc.com). Außerdem kann
man mit *albuferenc*-Booten über die
Lagune fahren, vorbei an Fischerhütten
und Inseln. Die **Bootstouren** starten
am Schiffsanleger Gola del Pujol beim
Infozentrum, weitere Anleger in El
Palmar, Silla, Catarroja und El Saler (ca.
5 €/45 Min.).

KULINARISCHES FÜR ZWISCHENDRIN
El Palmar und seine 30 Restaurants sind
ein Pilgerziel für Liebhaber der guten

Küche. Besonders empfehlenswert ist
El Sequer de Tonica ❶ in einer alten
Trockenkammer für Reis (Redolins 85,
T 961 62 02 24, www.elsequerde
tonica.com).

an der **Platja Mareny de Sant Llo-renç,** Tauchen um den **Leuchtturm.**

🌊 Wandern
Das **Museu de l'Arròs** in der Ermita dels Sants de la Pedra (So 10–14, 2/1 €) eignet sich als Ausgangspunkt einer Wanderung durch Reisfelder und Zitrushaine. Ausgeschilderte Wege auch im Umland von **L'Estany,** bei **La Lloma, El Azud** und **Racó de Santa Marta.**

❶ Infos und Termine
Touristeninformation: Pl. de la Constitución s/n, T 961 73 15 86, www.culleraturismo.com, Mitte Juni–Mitte Okt. Mo–Fr 10–20.30, Sa 10–13, 16–20, So/Fei 10–13, sonst Mo–Sa 10–13/13.30, 16.30/17–18.30/19, So/Fei 10–13 Uhr. Filialen am Leuchtturm und am Strand **Aurora de Sant Antoni:** Weißer Sonntag. Eine Woche nach Ostern gibt es eine sehenswerte Schiffsprozession.

Gandia 🗺 F 7

Die Herzogsstadt Gandia (ca. 75 000 Einw.) ist seit dem 15. Jh. untrennbar mit dem Namen Borja verbunden, ein aragonesischen Adelsgeschlecht, das nicht nur für die glanzvollste Epoche der Stadtgeschichte steht und mehrere Päpste hervorbrachte, sondern auch als Symbol für strenge Frömmigkeit, Macht und Korruption gilt. Der zum General des Jesuitenordens ernannte hl. Francisco de Borja ist der Stadtpatron Gandias.

Auf den Spuren der Borja wandeln
Als Empfangskomitee erwarten Sie auf der **Plaça Escola Pía** vor der alten Universität die fünf einflussreichsten Borja in Bronze gegossen. Der Klarissenorden, dem auch viele Frauen der Borja-Familie angehörten, führt bis heute das 1429 gegründete **Kloster Santa Clara.** Im Hospital de San Marc nebenan sind das **Archäologische Museum von Gandia** (MAGa) und das **Klostermuseum der Klarissinnen** untergebracht (Hospital

21, http://maga.gandia.org/, Di–Sa 10–19/20, So/Fei 10–14 Uhr, 2/1 € So/Fei Eintritt frei). An der Plaça Major mit einem Denkmal Francisco de Borjas stehen die gotische Stiftskirche **Col·legiata** (tgl. 10–13, 17–20 Uhr, Eintritt frei) und das klassizistische **Rathaus** (1778). Ein paar Schritte weiter öffnet der **Mirador del Serpis** ein Fenster über den Fluss. Unterm Fussboden sehen Sie Überreste der Stadtmauer, an den Wänden Verse der Dichter Ausiàs March (15. Jh.) und Vicent Andrés Estellés (20. Jh.). Der **Herzogspalast** der Borja lohnt schon allein wegen der Porzellansammlung aus Manises (18. Jh.) einen Besuch (Duc Alfons el Vell 1, www.palauducal.com, Mo–Sa 10–13.30, 15/16–18.30/19.30, So/Fei 10–13.30 Uhr, 7 €).

Strandbummel mit Überraschung
Die weitläufige **Platja de Gandia** wird von zahllosen Hotels und Restaurants gesäumt, von Frühjahr bis Herbst herrscht hier reges Treiben. Am südlichen Ende erreichen Sie den Fischerhafen von **Grau** mit historischen Lagerhallen und einer Fischbörse (Versteigerung Mo–Fr ca. 11 Uhr). Überraschend erhebt sich am Hafenbecken eine moderne Betonstruktur von Eduardo Torroja: die Kirche **Sant Nicolau de Bari** (1962), eine Ikone der avantgardistischen Architektur.

🍴 Frisch aus dem Meer
Platja de Gandia ist für seine Fischrestaurants bekannt, so das **Kayuko** (Asturias 23, T 962 84 01 37, restauran tekayuko.com, Di–So 13–16, 20–23

F
FIDEUÀ

Vor über 100 Jahren wollten ein paar Fischer eine Paella zubereiten, im letzten Moment fiel ihnen auf, dass kein Reis mehr da war. Sie behalfen sich mit Nudeln und das Gericht, das Gandias Küche berühmt machen sollte, war geboren.

Uhr, à la carte ab 45 €, Menü ohne Meeresfrüchte 20 €). Auch am Hafen in Grau gibt es interessante *marisquerías*, u. a. **El Hogar del Pescador** (Pl. Mediterrània 1, T 962 84 22 09, Di–So 13–16, 20–24 Uhr, à la carte ab 30 €).

🍴 Schöne Außenterrasse
Casa Concha
Auf der Karte des Familienbetriebs stehen 18 verschiedene Reisgerichte.
Rioja 50, Platja de Gandia, T 962 84 10 60, www.restaurantecasaconcha.es, tgl. 9–17, Fr/Sa auch 21–23 Uhr, ab 30 €

🍴 Kulinarischer Tempel
Casa Manolo
»Kochen ist leben«, betont der leidenschaftliche Chef Manuel Alonso. In der angeschlossenen **Daily Gastrobar** erhalten Sie Avantgarde-Küche zu alltagstauglichen Preisen (Menü ab 23 €).
Passeig Marítim 5, Platja de Daimús (4 km südl. von Gandia), T 962 81 85 68, www.restaurantemanolo.com, Juni–Okt. tgl. 13.30–15.30, 21–23.15, sonst Do–Di 13.30–15.30, 20–23 Uhr, à la carte ca. 50 €

🛍 Einkaufsbummel mit Kaffeepause
Geschäfte jeder Art finden Sie auf dem **Paseo de las Germanías.** Frisches Obst und Gemüse gibt es in der **Markthalle**, deren schöne Metallstruktur die **Plaza del Prado** schmückt. Hier bieten sich auch zahlreiche Bars und Cafés für einen Erholungsstopp an.

🌊 Baden und Beachen
Platja Gandia hat einen der schönsten Strände der valencianischen Küste (ca. 8 km). Richtung Cullera schließen sich die Feinsandstrände **Platja de Xeresa** und **Platja de Tavernes** an.

🚴 Radfahren
Ciclos Benavent
Vom Bahnhof kann man entlang der stillgelegten Schmalspurstrecke **Vía Verde de la Safor** 7 km nach Oliva radeln, die Tour führt vorbei am Naturschutzgebiet Marjal de Pego.
San Rafael 74, T 962 87 68 73, www.ciclos benavent.com, ab 15 €/Tag

Die überwölbten Lagerhallen am Flusshafen von Grau sind über 100 Jahre alt und stehen unter Denkmalschutz.

ℹ Infos
Touristeninformation: Marqués de Campo 16 (beim Bahnhof), T 962 87 77 88, www.visitgandia.com, Mo–Fr 9.30–13.30, 15.30/16–19.30/20, Sa 9.30–13.30 Uhr. Am Wochenende und im Sommer Infobüros in den beiden Leuchttürmen, So/Fei 9.30–13.30 Uhr

....

IN DER UMGEBUNG
....

Wanderung mit Höhlenerkundung
Auf der Route durch die wilde Landschaft der **Vall de la Marxuquera** können Sie die kleine **Cova del Parpalló** besichtigen, eine bedeutende altsteinzeitliche Fundstätte in der Nähe des Bergs Puerto de la Drova (ca. 12 km von Gandia, an der CV-675 Richtung Barx, Besuch anmelden beim Centro de Interpretación Parpalló-Borrell, T 667 69 74 48, http://parpalloborrell.gandia.org, Sa/So 11 Uhr, 2 €).

Architektonischer Stilmix
Dem **Monasterio de Sant Jeroni de Cotalba** (14. Jh.) in Alfauir war die Borja-Familie sehr verbunden. Es weist Elemente im Mudéjarstil, Gotik, Barock und Klassizismus auf (ca. 8 km von Gandia, T 619 52 40 93, www.cotalba. es, anderthalbstündige Führung Do, So 11.30, Sa 10, Juli/Aug. auch Mi 20 Uhr, 6/5 €).

Eigentlich bräuchte Xàtiva keine Girlanden als Festschmuck, die bunten Fassaden sind dekorativ genug.

Xàtiva/Játiva ◫ E 7

Hier heißt es, seine Kräfte richtig einzuteilen: Machen Sie sich als erstes an den Aufstieg zur Burg und genießen den Blick auf Xàtiva (29 000 Einw.), die Stadt der tausend Brunnen, deren Geschichte sowohl mit Jakob I. als auch mit den Borja eng verbunden ist. Und sparen Sie Energie auf, um unten in der Altstadt die schönen, von Palästen und Kirchen gesäumten Gassen zu durchstreifen.

Maurischer Glanz
Die Ursprünge der weitläufigen **Festungsanlage** gehen zwar zurück auf die Iberer, am besten erhalten sind jedoch die arabischen Bauelemente (Di–So 10–18/19 Uhr, 2,40 €, Di nachmittags Eintritt frei).

Denkmalgeschützte Altstadt
Im mittelalterlichen Gebäude der Getreidebörse verschafft Ihnen das **Museu de l'Almodí** einen guten Überblick über die Stadtgeschichte (Corretgeria 46, Mitte Juni–Mitte Sept. Di–Fr 9.30–14.30, Sa/So, Fei 10–14.30, sonst Di–Fr 10–14, 16–18, Sa/So, Fei 10–14 Uhr, 2,50 €, So Eintritt frei).

Einmal um die Ecke biegen und Sie stehen vor der **Casa de l'Ensenyança** mit ihrer Gemäldesammlung, in der das Porträt Philipps V. auf dem Kopf hängt, da er befahl, die Stadt zu zerstören (Pl. Arquebisbe Mayoral 2, Öffnungszeiten und Eintritt s. Museu de l'Almodí). Am anderen Ende der Corretgeria erhebt sich die Stiftskirche Santa María (Ende 16. Jh.), bekannt als **La Seu**. Entlang der **Carrer Montcada** finden Sie die wichtigsten religiösen Bauwerke und Paläste der Stadt. Für eine Stärkung bieten sich die Bars am **Marktplatz** an.

🏠 Im alten Kloster
Hotel Mont Sant
Eine stilvolle Unterkunft am Burgaufgang mit exquisitem Restaurant (tgl. 13.30–16, 20.30–23 Uhr, 7. Jan.–7. Febr. geschl., Menü 35–50 €).
Subida al Castillo s/n, T 962 27 50 81, www.mont-sant.com, DZ mit Frühstück ab 100 €

🔵 Tradition trifft Innovation
Casa la Abuela
Regionaltypische Küche im ›Haus der Großmutter‹. Besonders köstlich sind der Ofen-Reis sowie die Desserts.
Reina 17, T 962 27 05 25, www.casalaabuela xativa.es, Mo, Do–Sa 9–16, 20.30–24, Di, So 9–16, Juli–Sept. Mo, Do–Sa 9–16, 20.30–24, Di/Mi 9–16 Uhr, Menü 16–23 €

❶ Infos
Touristeninformation: Av. de Selgas 2, T 962 27 33 46, www.xativaturismo.com, Di–Fr 10–17/18, Sa/So 10.15–14 Uhr

Zu den interessantesten der vielen alten Brunnen in Xàtiva zählt die **Font dels 25 Xorros** mit 25 Wasserspeiern neben dem Park mit dem freundlichen Namen **Jardí del petó** (Kussgarten).

Oliva 🕮 F 7

Die Altstadt von Oliva (26 000 Einw.) zählt zu den reizvollsten in der Provinz Valencia. Dem Charme der krummen, steilen Gassen im maurischen Raval-Viertel kann keiner widerstehen, da stört es auch nicht, wenn man sich ein wenig verläuft. Verpassen Sie aber nicht den charakteristischen Carrer de la Hoz, dessen Häuser meist direkt auf dem Felsen gebaut sind.

Museen den Palästen

Im Stadtzentrum, bekannt als Vila Condal, sind die Kirche **Santa Maria la Major** aus dem 18. Jh. und das **Rebollet-Kloster** besonders sehenswert. Einige der zahlreichen Paläste und Herrenhäuser beherbergen interessante Museen, wie das **Archäologische Museum** (Les Moreres 38, T 962 85 46 28, Di–Sa 10–13.30, 16/17–19.30/20, So 11–13.30) oder die **Casa Maians,** eine Dependance des Museu València de la Il·lustració i de la Modernitat (▶ S. 72, Mayor 12, T 962 85 12 53, Öffnung s. Archäologisches Museum).

⌂ Landhaus
Font Salada

Alte Finca inmitten einer Orangenplantage mit Schwimmbad und Restaurant. Camí Sant Pere s/n, N-332, km 210 (ca. 4 km südl. von Oliva), T 626 30 82 33, www.fontsalada.com, DZ inkl. Frühstück 69–119 €

⌂ Zelten

Am Strand liegen acht baumbeschattete Campingplätze, darunter **Kiko Park** (Assagador de Carro 2, T 962 85 09 05, www.kikopark.com, ab 30 €/Parzelle).

🍴 Mediterrane Küche
Kikoport

Hier am Sporthafen schmecken die Reis- und Fischgerichte besonders gut. Pomer s/n, T 962 85 61 52, www.kikoport.com, im Sommer tgl. 12–23/24 Uhr, sonst ein Ruhetag in der Woche (meist Di), Menü 25 €, à la carte rund 35 €

⟳ Baden und Beachen

Es erscheint fast wie ein Wunder, dass die 10 km langen **dünengesäumten Strände** von Oliva größtenteils noch unbebaut sind. Sie sind für Wassersportler und Familien gleichermaßen gut geeignet.

⟳ Wassersport
Oliva Surf

Windsurfen, Kitesurfen und Segelschule. Auch Hotel und Apartments. Platja d'Oliva, T 962 85 54 98, www.olivasurf.com

⟳ Radfahren
eXtrem Tracks

Zwischen Orangenbäumen geht es z. B. über den Camí Vell de Pego rund 7 km zur **Font Salada,** wo man im Fluss badet. **Vía Verde la Safor:** ▶ S. 83 Francisco Brines 11B, T 646 06 72 64, www.extremtracks.com, 16 €/Tag

ℹ Infos

Touristeninformation: Passeig Lluis Vives (am Markt), T 962 85 55 28, www.olivaturismo.com, Mo–Fr 10–14, 17–19, Sa 10–13 Uhr. Pläne zu Rad- und Wanderwegen

IN DER UMGEBUNG

Zugvögel beobachten

Die Feuchtzone des **Parc Natural de la Marjal de Pego-Oliva** (🕮 F 7, 6 km südl. von Oliva, www.parquesnaturales.gva.es) ist ein Refugium für Vögel. Geführte Bootstouren starten ab Bassa de Sineu/El Salinar.

Historische Spuren-lese – **Sagunt**

Im 3. Jh. v. Chr. wird hier Weltgeschichte ge-schrieben: Am Zankapfel Sagunt entzündet sich der Zweite Punische Krieg zwischen Rom und Karthago. Lassen Sie beim Stadtspaziergang Ihren ganz persönlichen Sandalenfilm im Kopf ablaufen. Wie sieht Ihre Rolle dabei aus? Sind Sie Sieger oder Besiegter, Held oder Schuft?

Festung mit Geschichte

Die Anfänge der rund 170 m über dem Meer ge-legenen **Burg** 1 reichen zurück ins 5. Jh. v. Chr., doch ihr aktuelles Erscheinungsbild erhielt sie im 16. Jh. Am Fuß des Burgbergs liegt das **römische Theater** 2, das architektonische Schmuckstück des antiken Sagunt, das seit der Renovierung in den 1980er-Jahren wieder bespielt wird.

Die alte Unterstadt

In der Altstadt zeigt das **Historische Museum (MU-SAG)** 3 eine bedeutende Sammlung iberischer und römischer Kunst. Der Rundgang durch die Geschichte Sagunts führt in der **Casa dels Beren-guer** 4 vom iberischen Arse über das römische Saguntum mit den Ruinen des Dianatempels zum arabischen Morvedre. In der Umgebung der Plaças Major und Peixataria befand sich ehemals das **Forum Romanum** 5 der Unterstadt, von dem einige Säulen in moderne Gebäude intergriert wurden. Vom großen Circus Romanus ist nur ein Eingangstor, die **Porta Meridional** 6, erhalten, in dessen Nähe Sie im Fluss Ruinen einer **römischen Brücke** 7 erkennen. Überreste der alten römi-schen Hafenstraße **Portici Via** 8 (1. Jh.) finden sich an der Plaça Antiga Moreria. Im **Domus ro-mana dels Peixos** 9 (2. Jh) können Sie sich den Aufbau eines antiken Hauses erläutern lassen

Am Hafen

Zu Beginn des 20. Jh. änderte sich das Leben in der landwirtschaftlich geprägten Gegend radikal. Von

Das römische Theater fasst 8000 Besucher und hat eine geniale Akustik.

KULINARISCHES FÜR ZWISCHENDRIN

Auf der Speisekarte des **Singular and Co** 1 werden die Stilrich-tungen wild gemischt: Burger, Nachos, Pasta, Hummus … (Isla de la Toja s/n, Port de Sagunt, T 961 18 66 00, www.singularandco.es, tgl. 13–16.30, 21–24 Uhr, Menü 12–15 €, à la carte ab 20 €).

der Eisenmine bei Ojos Negros wurde eine 200 km lange Eisenbahnstrecke zum Hafen 5 km südlich von Sagunt gebaut, wo eins der größten **Stahlwerke** Spaniens entstand. Die Krise der 1970er-Jahre führte zur Stilllegung der Hochöfen, die heute wie riesige Skulpturen in die Landschaft ragen. Neben alten Fabrikantenvillen sehen Sie in Port Sagunt auch ein Arbeiterviertel mit fast idyllischen niedrigen Häuschen (www.fcvsagunto.wordpress.com).

INFOS/ÖFFNUNGSZEITEN

Touristeninformation: Pl. Cronista Chabre, T 962 65 58 59, www.turismo.sagunto.es, Juli/Aug. Mo 10–14.30, 16.30–19.30, Di–Fr 9–14.30, 16–19.30, Sa 9–14, 16–18.30, So 10–14, sonst Mo–Fr 9–14, 16–18.30, Sa/So 9–14 Uhr

Burg 1 und Römisches Theater 2: T 962 61 72 67, Di–Sa 10–18/20, So/Fei 10–14 Uhr, Eintritt frei

Museu històric de Sagunt (MUSAG) 3: Del Castillo 23, T 962 61 72 67, Di–Sa 10–18/20, So/Fei 10–14 Uhr, Eintritt frei

Casa dels Berenguer 4: Sagrari 17, T 961 19 36 50, Mo–Sa im Sommer 9–13.30, 17.30–21, sonst 10.30–17.30, So/Fei 10–14 Uhr, Eintritt frei

Domus romana dels Peixos 9: Di–Sa 10, 11.15, 12.30, 16, 17.15, im Sommer auch 18.30, So/Fei 10, 11.15, 12.30 Uhr, 1 €, in der Touristeninfo anmelden

Faltplan: F 4

Costa del Azahar und Maestrat

›Orangenblütenküste‹ – das heißt goldene Strände und felsige Buchten, einfach nur schön und zum Teil noch unbebaut. Filmreif ist der Charme der Küstenorte und das Blau des Meers lockt weiter hinaus zum Ausflug auf die einsame Insel. Doch die Stille des Hinterlands ruft mindestens so laut. Gelb, rot, orange und grün leuchtet das Obst in den Gärten und in den mauerummantelten Dörfern ticken scheinbar noch gar keine Uhren, wie zu Zeiten des Templerordens. Wesentlich weiter in die Vergangenheit, in eine Welt jenseits unserer Zivilisation, entführen Sie die rot-braunen Höhlenzeichnungen in den steilen Schluchten des Maestrat.

Castelló de la Plana ⌖F 3

Das Leben spielt sich auf der Straße ab, das gilt auch für die Hauptstadt der Costa del Azahar. Gerade in den verkehrsberuhigten Gassen der Altstadt ist immer viel los, Jung und Alt treffen sich vor den Bars oder sitzen auf den Terrassen der Cafés. Trotz seiner 170 000 Einwohner versprüht Castelló den Charme einer kleineren Stadt etwas abseits des touristischen Trubels der Küste.

Die Wahrzeichen der Stadt
Im kleinen historischen Kern finden Sie die quirlige **Markthalle**, das monumentale **Rathaus** vom Ende des 17. Jh und die gotische **Konkathedrale Santa Maria,** die nach einem Brand Ende des 20. Jh. wiederaufgebaut wurde (tgl. 8/8.30–12.45/13.45, 17/18–20.45 Uhr, www.concatedral.com, Eintritt frei). Verwunderlich ist, dass der 60 m hohe Glockenturm **Torre del Fadrí** (Turm des Junggesellen) im 16./17. Jh. freistehend neben der Kathedrale errichtet wurde (Mo–Fr 12 Uhr, Eintritt frei). Die ehemalige Börse **Llotja del Cànem** (17. Jh.) hinter dem Turm gehört heute als Kulturzentrum zur Universität Jaume I.

Eintauchen ins Kulturleben
Taktgeber des Kulturlebens von Castelló sind ohne Frage das Kunstmuseum und das Zentrum für Zeitgenössische Kunst.

Vom Morgen bis in die Nacht kehrt keine Ruhe ein in den Tapa-Lokalen rund um die Markthalle. Auch auf der Plaça Santa Clara und den Carrers Barraques und Isaac Peral ist wirklich jedes Haus eine Bar.

Schon architektonisch verleihen Sie dem Stadtbild dynamische Impulse: Für das **Museu de Belles Arts** entwarfen Mansilla und Tuñón ein avantgardistisches Gebäude, das Platz bietet für Archäologie, Ethnologie, Bildende Kunst und Keramik (Av. Hermanos Bou 28, T 964 72 75 00, www.culturalcas.com, Di–Sa 10–14, 16–20, So 10–14 Uhr, Eintritt frei). Im **Espai d'Art Contemporani** werden nicht nur Ausstellungen organisiert, sondern auch Experimente und Workshops. Schön sitzt man hier auf der Terrasse des Museumscafés (Prim s/n, T 964 72 35 40, www.eacc.es, Di–Sa 10–14, 16–20, So 10–14 Uhr, Eintritt frei).

Ausruhen vom Trubel
Im Zentrum gibt es nicht allzu viele Grünflächen, aber im **Parc Ribalta** warten ein See und bunt gekachelte Bänke auf müde Touristen. Der Taubenschlag in Form eines Leuchtturms ist mittlerweile unbewohnt, aber im grazilen **Musiktempel** versammelt man sich jeden Sonntagmittag zum Konzert.

Leben am Meer
4 km östlich der Altstadt liegt das beliebte Hafenviertel **Grau de Castelló/ Grao de Castelló,** dessen Strandpromenade sogar mit einem Casino in einer alten Werft aufwarten kann. Die Gegend um die Plaza del Mar und das Edificio Moruno gilt als kulinarische Oase. Im **Planetarium** im Parc del Pinar nördlich des Hafens befindet sich das Informationszentrum des Naturparks Illes Columbretes (▶ S. 92). Weiter Richtung Benicassim ziehen sich schöne, relativ unverbaute Strände die Küste lang.

🍴 Essen im Markt
Auf eine klassische Tapa treffen die Einheimischen sich besonders gern in der **Bar del Mercat.** Samstagsmittags wird hier zur Livemusik getanzt (Passatge Mercat-Central, T 625 67 28 24, Mo–Sa 6–16.30 Uhr). Am Metzgerstand **La Cabanenca** werden die bocadillos besonders üppig belegt (www.lacabanenca.es, Pl. de la Pescateria 8).

🍷 **Beim Sporthafen**
La Tasca del Puerto
Frische Regionalküche, Reisgerichte und Fisch stehen hier auf der Karte.
Av. del Puerto 13, T 964 28 44 81, www.tasca delpuerto.com, Di–Sa 13.30–16, 20.30–23.15, So 13.30–16 Uhr, Okt./Nov. u. Jan. je 15 Tage geschl., à la carte 35–45 €, Wochenmenü 25 €

ℹ️ **Infos**
Touristeninformation: Pl. de la Hierba s/n, T 964 35 86 88, www.castellonturismo.com, Mo–Fr 10–18, Sa 10–14 Uhr; in Grau de Castelló: Paseo Buenavista 28, T 964 28 36 21, Mo–Fr 10–14 Uhr
Verkehr: Vom RENFE-Bahnhof (Av. Pintor Oliet) fahren Züge nach Sagunt und Valencia. Busbahnhof direkt nebenan.

IN DER UMGEBUNG

Unterirdische Flussfahrt
Die vor 15 000 Jahren bewohnten Höhlen **Coves de Sant Josep** (📖 F 3/4, ca. 30 km südwestl. von Castelló) lernen Sie am besten auf einer Bootstour kennen (T 964 69 05 78, www.covesdesant josep.es, tgl. 10–13.30, 15.30–18, Nov.–Feb. 10–14 Uhr, 10/7 €). Das nahe **La Vall d'Uixó** (📖 F 4) lohnt einen Abstecher wegen der netten Altstadt und iberischer Ausgrabungen.

KERAMIK

Vielerorts ragen zwischen Zitronen- und Olivenbäumen Fabrikschornsteine hervor, dort werden Kacheln gebrannt, die man in alle Welt verschifft. Wollen Sie mehr zum Thema Keramik in der Architektur erfahren, so kann ich Ihnen einen Besuch im modernen **Museo del Azulejo** in Onda empfehlen (París s/n, www.museoazulejo.org, Di–Fr 11–14, 16–20, Sa/So, Fei 11–14, 17–20 Uhr, Eintritt frei).

VORBILDLICH NACHHALTIG

Versteckt zwischen jahrhundertealten Korkeichen passt sich das **Hotel Mar de Fulles** samt Pool seiner Umgebung in der Serra d'Espadà so gut an, dass es kaum auffällt. Energietechnisch ist es vollkommen autark, was ihm einen Preis der Citizenergy-Plattform einbrachte. Das Restaurant versorgt sich aus dem eigenen Garten (6 km von La Vall d'Uixó, Abzweig von CV-230 bei Alfondeguilla, T 964 09 09 65, www.mardefulles.es, DZ ab 118 €, im 8-Bett-Zimmer ab 40 €/Pers.).

Bad im kristallklaren Fluss
Die Fahrt den Riu Millars/Río Mijares entlang nach **Montanejos** (📖 E 3, ca. 60 km nordwestl. von Castelló) ist einfach schön, zudem erfrischt ein Bad in der eisenhaltigen **Font dels Banys,** ausgeschildert als *Balneario árabe*.

Street Art auf dem Dorf
Angefangen hat es in **Fanzara** (📖 E 3) mit einer bunt gestalteten Wand, dann kam die nächste und die nächste. So

Die kreativ gestalteten Wandbilder haben dem Dorf Fanzara zu neuem Leben verholfen.

Vulkanische Stille – **ein Ausflug zu den Illes Columbretes**

Wie eine Seeschlange, die zum Schlag ausholt, taucht L'Illa Grossa aus dem Meer auf, ein halber Kraterrand, dessen Bogen drei felsige Eilande verlängern. Biologisch Interessierte dürfen hier Endemiten beobachten. Andere lauschen lieber Geschichten über Piraten, Schmuggler und Leuchtturmwärter …

Die vulkanische Boden-beschaffenheit zeigt sich vor allem an den Klippen.

A
ABFAHRT

Nehmen Sie ein frühes Boot, sonst kann es passieren, dass Sie nicht anlanden dürfen, da die Zahl der Besucher auf der Insel beschränkt ist.

Leben in der Einsamkeit

Wie unberührt, ganz sich selbst überlassen wirken die Illes Columbretes bis heute und das verdanken sie den unwirtlichen Lebensbedingungen. Archäologische Funde bezeugen zwar, dass hier seit dem 1. Jh. v. Chr. Piraten, Schmuggler und Fischer an Land gingen. Sie nutzten einige Höhlen als Unterschlupf, aber eine dauerhafte Besiedlung kam nicht zustande. Über 100 Jahre, von 1860 bis 1975, war die Hauptinsel L'Illa Grossa von Leuchtturmwächtern und ihren Familien bewohnt. Der winzige Friedhof erinnert daran. Alle anderen Inseln waren nie bewohnt und dürfen auch nicht betreten werden.

Nachdem der Leuchtturmbetrieb automatisiert wurde, lag die Inselgruppe wieder verlassen da, bis sie 1988 zum Naturpark erklärt wurde, dessen Mitarbeiter immer zu sechst hier leben, sich um die Natur kümmern und Besucher führen. Nach zwei Wochen ist jeweils Schichtwechsel.

Die ›Große Insel‹

Der Rundgang ist geführt und es ist streng verboten, vom Weg abzuweichen, Steine aufzuheben, Pflanzen zu pflücken, Tiere einzusammeln sowie zu rauchen oder zu essen. Wenn der Seegang es erlaubt, landen Sie an der Treppe in **Port Tofiño** **1** an. Vorbei an den **Wohnbaracken** **2** der Wächter erreichen Sie fast an der Spitze der Insel den 67 m hohen **Leuchtturm** **3**, in dem das Besucherzentrum über den Fischfang und die Ökologie auf den Columbretes informiert. Die nahen Zisternen werden zum Sammeln von Regenwasser genutzt. Vom Turm, in dem zuweilen auch Wissenschaftler wohnen, haben Sie den besten Blick über die Insel und können gut den kleinen **Friedhof** und die **Marienskulptur** ›La Verge‹ am südlichen Ende erkennen. Auch die anderen drei Inselgruppen sind auszumachen. Insgesamt sind es 20 Inseln vulkanischen Ursprungs, die diesen Archipel bilden.

Flora und Fauna

Die Inseln bestehen größtenteils aus Basanit- und Phonolithgestein, das reich an Feldspat und Foidit ist, was dem Pflanzenwachstum nicht sehr zuträglich ist. Doch die vielfältige Flora, darunter Mastixsträucher, Malvenarten und Spargelgewächse, hat sich den harten Lebensbedingungen hier angepasst, Bäume gibt es allerdings nicht.

Für Vögel sind die Inseln ein ganz besonderes Paradies: Korallenmöwen, Krähenscharben, Eleonorenfalken … mehr als 200 Arten wurden gezählt. Ebenso interessant ist die Meeresfauna, in der sich seltene Hummer- und Korallenspezies finden. Häufig trifft man auf Delfine und Thunfische, zuweilen sogar auf Finnwale. Seit 1990 sind die Gewässer rund um die Inseln Seereservat.

E **EIDECHSEN**

Die giftigen Nattern (lat. *coluber*), die der Inselgruppe ihren Namen verschafften, rottete man beim Bau des Leuchtturms vor über 150 Jahren aus, dafür wimmelt es heute von Eidechsen, darunter die endemische Columbretes-Mauereidechse (*Podarcis liolepis atratus*).

INFOS/ÖFFNUNGSZEITEN

Centre d'Informació del Parc Natural: im Planetarium, Paseo Marítimo 1, Grau de Castelló, T 964 28 89 12, www.parquesnaturales.gva.es, Infoschalter: Di–Fr 9.30–13.45 Uhr, Ausstellung zu Columbretes: Öffnungszeiten wie Planetarium (www.planetari.castello.es).
Bootstouren: Clavel I, T 661 38 12 74, Abfahrt ab Grau de Castelló i. d. R. April–Okt. Sa/So 8 Uhr (pro Strecke 2–3 Std.), ab 60 €. Anlandung in Schlauchbooten. An Bord gibt es Getränke, Essen muss selbst mitgebracht werden. Schwimmen vom Boot aus ist möglich. Infos zu Touren ab Peñíscola, Vinarós, Benicarló, Alcossebre und Oropesa in den Touristenbüros und unter www.visitaislascolumbretes.com

L'Illa Grossa (Columbretes)
Cap del Rossi
Punta Bonica
0 — 200 m
67 m
Cova del Tabac
Port Tofiño
El Mancolibre
Trenca Timons
La Senyoreta
El Mascarat
Friedhof
La Verge

Faltplan: östl. H 3

WO DIE GOLDORANGEN GLÜHN

In der Gegend von Castelló findet man die größten Zitrusplantagen des Mittelmeerraums. Bei den **Gastronomischen Tagen der Orange und der Clementine** lassen sich die Köche durch Orangenaroma inspirieren (Ende Jan./Anfang Febr., www.turismodecastellon.com). Das ganze Jahr über können Sie Führungen samt Verkostung buchen, z. B. bei **Matafruit Naranjas** in Vila-Real (T 673 80 53 20, www.matafruitnaranjas.com).

entstand schließlich das MIAU, das Unvollendete Museum der Street Art, das dieses vergessene Örtchen knapp 50 km südwestlich von Castelló berühmt gemacht und seinen Bewohnern zu neuem Gemeinschaftssinn verholfen hat (www.miaufanzara.org).
Illes Columbretes: ▸ S. 92

Benicàssim/ Benicasim ⑭ G 3

Wo einst die ›Söhne von Casim‹ lebten, entstand die größte Touristenhochburg der Costa del Azahar (ca. 18 000 Einw.). Während Benidorm bis Mitte der 1950er-Jahre noch ein Fischerdorf war, begann Benicàssims Karriere als Urlaubsziel bereits im 19. Jh. Den Flair jener Zeit spürt man besonders in den Fußgängerzonen und auf der Strandpromenade. Die Ursprünge des zwischen Orangen-, Zitronen- und Olivenhaine gebetteten Ortes sind jedoch arabisch.

Mit Kopfhörern durchs Villenviertel
Vom Ende des 19. Jh., als Benicàssim Anschluss an das Eisenbahnnetz erhielt, bis in die ersten Jahrzehnte des 20. Jh. war der Ort als Sommerfrische für wohlhabendere Spanier in Mode. So

entstanden hier eine Reihe von noblen Ferienresidenzen, dem Zeitgeschmack entsprechend in verschiedenen Stilen: modernistisch, klassizistisch, rationalistisch, viktorianisch oder volkstümlich. Viele dieser *villas* sind recht gut erhalten; zum Teil sogar als Restaurants ausgebaut. Auf zwei gut beschilderten Routen – diesseits und jenseits der Gärten von Comín (El Limbo) – kann man sie besichtigen, zumeist jedoch nur von außen: die **Ruta del Infierno** (›Höllentour‹, 19 Häuser) beginnt am Hotel Voramar auf dem Paseo Pilar Coloma und die **Ruta de la Corte Celestial** (›Himmelstour‹, acht Gebäude) führt vom Paseo Vernat Artola zum Torreón Sant Vicent aus dem 16. Jh. (Audioguide-Ausleihe in der Touristeninfo gegen 50 € Pfand oder Gratis-Download unter turismo.benicassim.es).

🍴 Urige Taverne
Tasca Bar El Charquito
Zwischen Stierkampfplakaten und von der Decke hängenden Schinken schmeckt die regionale Küche noch mal so gut – als Tapa oder *ración*.
Santo Tomás 3, T 674 23 09 99, Mo–Sa 18–1.30/2 Uhr, à la carte 25–30 €

🍴 Mit Leidenschaft gekocht
Ciento 2
Sie haben's gern ein bisschen ruhiger? Testen Sie diese hübsche Taverne etwas ab vom Schuss. Die Karte wechselt je nach Saison, da die Zutaten für die traditionellen Tapas und Tellergerichte immer marktfrisch sind. Neben viel Fisch und Gemüse bringt der sympathische Wirt Manolo auch Fleisch auf die Teller.
Bayer 102, T 964 30 58 60, www.facebook.com/ciento2, tgl. 20.30–23.30 Uhr, ab 30 €

🛍 Buntes Vielerlei
Wochenmarkt
Auch Pflanzen, Kleidung, Souvenirs etc.
Paseo de Pérez Bayer, Do morgens

🛍 Likör und Wein
Bodegas Carmelitano
Seit 1896 mixten die Mönche im Desert de les Palmes (▸ S. 96) aus

Jedes Jahr überfluten Scharen von Jugendlichen den Ort zum Benicàssim-Festival. Neben dem internationalen Line-up aus Indie-, Alternativ- und Elektronik-Szene feiert man hier die Freundschaft und das Urlaubsfeeling.

aromatischen Bergkräutern den Licor Carmelitano (34 Vol.-% Alk.), um mit dem Erlös das Studium ihrer Novizen zu finanzieren. Heute gehört dem Kloster nur noch ein kleiner Anteil der Fabrik, doch das Rezept ist das gleiche geblieben. Sie können das historische Fabrikgebäude besichtigen und dabei Likör, Messwein und Moscatel Carmelitano probieren.
Av. Castelló, www.carmelitano.com, tgl. 9–13.30, 15.30/16–18.30/20 Uhr, 3,30 €

✪ Baden und Beachen
Benicàssim hat insgesamt rund 6 km Feinsandstrand vor seichtem Wasser.

✪ Thalassotherapie
Termas Marinas El Palasiet
Thermalzentrum mit Schwimmbecken, Jacuzzi, Sauna, Massagen etc.
Pontazgo 11, Partida Cantallops, T 964 30 02 50, www.palasiet.com, 25 €/2 Std., 10er-Karte 165 €

✪ Rad- und Wandertouren
Die 13 km lange Stadtroute **Ciclo-Turista** startet an der Torre Sant Vicent, wo Sie gegen 50 € Pfand im Städtischen Sportpavillon kostenlos Räder ausleihen können (Pavelló Municipal d'Esports, T 964 30 26 62, Mo–Sa 9–14, 16–21, So/Fei 9–14 Uhr). Zudem empfehlen sich zwei Radwege von Benicàssim nach **Castelló,** einer am Meer vorbei über El Grau de

---

LAZARETT MIT MEERBLICK

Die Geschichte des **Hotels Voramar** begann Ende der 1920er-Jahre. Doch mit Ausbruch des Bürgerkriegs 1936 war die Partystimmung vorbei und das in **Villa Frente Popular** umgetaufte Gebäude diente als Krankenhaus für die Internationalen Brigaden. Auf der Patientenliste tauchen so berühmte Namen auf wie Josip Broz Tito, Alejo Carpentier und Ernest Hemingway. Heute ist es wieder ein beliebtes Hotel. Im exquisiten Restaurant isst man praktisch auf dem Strand (Paseo Pilar Coloma 1, T 964 30 01 50, www.voramar.net, DZ mit Frühstück 75–170 €).

Innere Einkehr – Naturpark Desert de les Palmes

 # 13

Überkommt Sie auch manchmal der Wunsch, sich zurückzuziehen von der Welt, einfach ihren Garten zu bewirtschaften, ein kontemplatives Leben in Eintracht mit der Natur zu führen? Im Desert de les Palmes kann ich mir vorstellen, dieser Handvoll Mönche zu folgen, die hier im 17. Jh. ein Karmeliterkloster gründeten.

Der Orden vom Karmel nennt seine spirituellen Rückzugsorte auch ›Wüsten‹. Deshalb ist der Name *desert* hier keine geografische Beschreibung, sondern eine mystische.

Altes und neues Kloster
Vom **ursprünglichen Kloster** `1`, 1697 vollendet, sind nurmehr Ruinen erhalten. 1784 baute man 500 m entfernt eine **neue Klosteranlage** `2`, die bis heute bewohnt ist. Schauen Sie sich die Kirche an und das kleine Museum sowie die gepflegten Gärten und Felder. Im Eingangsbereich betreiben die Mönche einen kleinen Laden mit Souvenirs und Büchern über die Gegend.

Unterwegs im Naturpark
Im 1989 eingerichteten Naturpark Desert de les Palmes sind neun Wanderrouten ausgeschildert. Einige gehen hinauf zum höchsten Punkt des Parks, zum 729 m hohen **Pico del Bartolo** `3`, benannt nach einem der ersten Mönche hier. Vom Gipfel reicht der Blick bis zu den Columbretes-Inseln. Andere Wanderwege führen zur ursprünglich arabischen Festung von **Montornés** `4` (10. Jh.), zu den Burgruinen von **Miravet** `5`, wahrscheinlich einst die Heimat muslimischer Mönchssoldaten, sowie in die Schlucht der Einsiedelei von **Les Santes** `6`.

Flora und Fauna
Zahlreiche Quellen und Bäche sorgen für eine üppig grüne Vegetation, in der Pinien, Korkeichen, Ulmen und Zwergpalmen besonders häufig an-

Faszinierend, wie genügsam die Pinien im Desert de les Palmes auch auf felsigem Terrain gedeihen!

F
FEUER

Der größte Feind dieser Landschaft ist das Feuer oder besser gesagt die mutwilligen Brandstifter. Noch ist die Natur dabei, sich von den verheerenden Bränden in den Jahren 1985 und 1992 zu erholen.

zutreffen sind. Wildschweine, Füchse, und Gins-terkatzen leben hier wie im Paradies und bei Tag und Nacht kreisen Greifvögel. Mehr Infos über die Natur im Park gibt es im **Besucherzentrum** 7.

INFOS/ÖFFNUNGSZEITEN

Monestir Nou 2: Kirche tgl. 10.30–13, 16.30–18/19 Uhr, Museum So 13–14 Uhr, andere Besuchszeiten können verabredet werden, T 964 30 09 50, www.desiertodelaspalmas.com, 2 € **Centre d'Informació de la Bartola** 7: Finca La Bartola, Ctra. de la Magda-lena al Desert, km 8, T 964 33 36 87, www.parquesnaturales.gva.es, tgl. 9–14 Uhr. Informative Ausstellung

KULINARISCHES FÜR ZWISCHENDRIN

Falls Ihre Vorstellung von einem guten kontemplativen Leben auch eine Terrasse mit beschaulichem Ausblick sowie reich gefüllten Tischen beinhalten sollte, sind Sie richtig im **Restaurante Desierto de las Palmas** 1 (T 964 30 09 47, im Sommer Mi–Mo 9.15–23, sonst So/Mo, Mi/Do 9.15–17.30, Fr/Sa 9.15–23 Uhr, Mitte Jan.–Mitte Febr. geschl., ab 35 €).

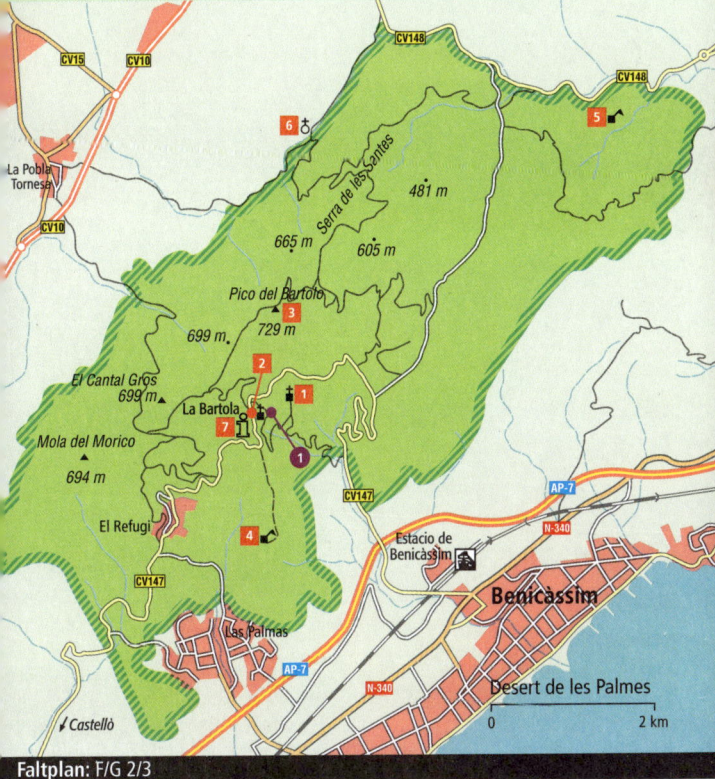

Desert de les Palmes

Faltplan: F/G 2/3

FESTIVALSTADT BENICÀSSIM

Das berühmteste Event in Benicàssim ist das **FIB**, ein internationales Festival aller Musikgenres: von Rock über Rap bis zu Elektro (www.fiberfib.com, Mitte Juli). Weiterhin gibt es z. B. den **Gitarrenwettbewerb Francisco Tárrega** (Ende Aug./Anfang Sept); ein **Bluesfestival** (Anfang Juni); ein **Festival für Elektronische Musik** (Ende Aug.); das **Festival Flamenco Fusión** (Ende April/Anfang Mai); das **Reggae Rototom Sunsplash** (Mitte Aug.); das Musikfestival **Formigues** für Kinder (Mitte Mai); das Festival für Indie-Musik **San San** (Mitte April); ein **Festival für Gesellschaftstanz** (Aug.) sowie das kulinarische Festival **Día de las Paellas de Benicàssim** (Ende Jan.). Infos: www.benicassimcultura.es

Castelló, der andere durchs Landesinnere. Die **Via Verde del Mar** führt in einem alten Gleisbett entlang der Küs-

¡Vamos a la playa! Hört ihr die Brandung? Das Meer ruft, und die Wellen darf man nicht warten lassen.

te nach **Orpesa** (6 km) und eignet sich nicht nur für Radfahrer, sondern auch für Wanderer. Sie beginnt nördlich von Benicàssim am Hotel El Palasiet.

Radverleih in Benicàssim: Uji Bike, Av. Castelló 58, T 964 78 52 16, www.ujibike.com, 12 €/Tag; in Orpesa: Ecokm Bikes, Santo Tomás 54, T 609 81 18 75, www.ecokmbikes.com, 10 €/Tag

❶ Infos
Touristeninformation: Casa Abadía, Santo Tomás 74–76, T 964 30 01 02, http://turismo.benicassim.es, Mo–Fr 9–14, 16/17–19/20, Sa 10.30–13.30, 16/17–19/20, So 10.30–13.30 Uhr. Weitere Büros an der Platja Heliópolis und im Torreón Sant Vicent

IN DER UMGEBUNG

Moderne Kunst im Bergdorf
Das pittoreske, von einer rötlichen Burg überragte **Vilafamés** (🗺 F 2, rund 35 km nordwestl. von Benicàssim) übte auf Kunstschaffende schon immer einen besonderen Reiz aus und kann im Museum für zeitgenössische Kunst im Palau del Batlle (15. Jh.) eine respektable Sammlung an Malerei und Skulpturen von rund 400 Künstlern vorweisen (Museu d'Art Contemporani Vicente Aguilera Cerni, Diputació 20, T 964 32 91 52, www.vilafames.es, www.macvac.es, Di–So 10–14, 16–18.30 Uhr, 3 €).

Gaumenschmaus am Strand
Das Gassengewirr der Altstadt von **Orpesa/Oropesa del Mar** (🗺 G 2/3, ca. 9000 Einw.) unterhalb der Ruinen des arabischen Kastells verdient einen Besuch, wenngleich die Hauptattraktion des Orts zweifelsfrei die schönen Strände sind, besonders die muschelförmige Bucht Platja de la Concha. Viele Besucher kommen aber auch wegen der hervorragenden Restaurants an der Strandpromenade. Am Weg zum Wachturm Torre del Rei (16. Jh.) bzw. zum Leuchtturm aus dem 19. Jh. liegt das für seine Reisgerichte berühmte Lokal Puerta del Sol (Passeig Marítim

de la Concha 14, T 964 31 37 96, tgl. 10–24 Uhr, ab 30 €).

Zwischen Binsen- und Mandelblüten
6 km nördlich von Orpesa liegt der **Naturpark Prat de Cabanes-Torreblanca,** ein schmales Feuchtgebiet, das durch einen langen Kiesstrand vom Meer abgetrennt wird. An der Platja Torre de la Sal informiert ein Besucherzentrum u. a. über die gefiederten Bewohner der Gegend (🚗 G 2, www.parquesnaturales.gva.es). Ein paar Kilometer landeinwärts liegt der kleine Ort **Cabanes,** der zwischen Januar und März in einer rosa-weißen Wolke aus Mandelblüten verschwindet. Dass hier zu römischer Zeit die Antigua Vía Augusta verlief, belegt ein Torbogen aus dem 2. Jh. (www.cabanes.es).

Desert de les Palmes: ▶ S. 96

Peñíscola 🚗 G/H 1/2

Ein Felsen ragt aus dem Meer empor, auf der Spitze eine trutzige Burg, rundherum ein Labyrinth aus schmalen Gassen und weißen Häusern – eine echte Stadt oder eine Filmkulisse für Game of Thrones? Beides! Peñíscola und seine 7500 Einwohner sind real, aber gern wird hier gedreht und auch die Geschichte der Stadt selbst klingt filmreif. Denn im Kastell von Peñíscola fand im 15. Jh. der als Papa Luna berühmt gewordene Gegenpapst Benedikt XIII. sein Refugium (▶ S. 100).

Vom Meer umtoster Schlossberg
Egal durch welches der drei monumentalen Stadttore Sie Peñíscola betreten, alle Wege führen – vorbei an unzähligen Bars und Souvenirläden – hinauf zum Bollwerk Baluarte del Príncipe, wo die See gegen den Felsen anbrandet und an stürmischen Tagen durch das Loch des *bufador* wie eine Fumarole heraufspritzt. Mehr über das Meer, seine Bewohner und die Seefahrt erfahren Sie

hier im **Museu de la Mar** (Principe s/n, Okt.–Ostern Di–So 9.30–15.30, sonst tgl. 10–14, 16/17–20/21 Uhr, Eintritt frei). Auf dem Weg weiter zur Burg achten Sie auf die **Casa de las Conchas,** das mit Muscheln übersäte turmartige Haus wirkt mittelalterlich, ist aber erst ein halbes Jahrhundert alt. Der 22 m hohe, achteckige **Leuchtturm** wurde Ende des 19. Jh. ans **Kastell** angebaut und beherbergt heute das Besucherzentrum (Öffnungszeiten wie Kastell).

Nächtliche Postkartenidylle
Beim Spaziergang durch die Altstadt fühlt man sich fast wie auf einer Insel, geht der Blick doch in alle Richtungen aufs Wasser hinaus. Aber der Felsen ist über eine Landzunge mit dem Festland verbunden, die vom Fischerhafen sowie der Platja del Nord und der Platja del Sud gesäumt wird. Verpassen Sie es nicht, im Dunkeln – mit Kamera – an den Strand zu gehen: Abends spiegelt sich die **beleuchtete Burg** malerisch im Wasser. Im Kontrast dazu steht die unromatisch dichte Bebauung der Küstenlinie mit modernen Hotels, Apartmentblocks und Restaurants. Dementsprechend lebhaft ist das touristische Treiben vom Frühling bis in den Herbst.

🏠 Wie zu Hause
Pensión Chiki
Die freundliche Unterkunft mitten im historischen Stadtzentrum eröffnete Josés Mutter in den 1970er-Jahren als eine der ersten in Peñíscola. Ein großer Altbau direkt neben der Kirche Santa Maria, aber keine Sorge, nachts kommen auch die Kirchenglocken zur Ruhe. Im angeschlossenen Restaurant werden Sie bestens verpflegt (Ostern–Okt. tgl. 13–16, 20–23 Uhr, Menü ab 12 €).
Mayor 3, www.restaurantechiki.es, T 605 28 02 95, DZ ab 50 €, auch 3- und 4-Bett-Zimmer

🍴 Maritimes Ambiente
Puerto Mar
Hier fühlen Sie sich gleich wie an Bord eines Schiffes. Die Tapas und *raciones* kommen frisch aus dem Meer: Fisch, Muscheln, Garnelen etc.

Päpstliche Residenz – **Castell del Papa Luna in Peñíscola**

Vor dem Eingang seiner kolossalen Burg, heute eine der meistbesuchten Sehenswürdigkeiten Spaniens, sitzt er, lebensgroß und in voller Montur: Papst Benedikt XIII., genannt Papa Luna. Für alle Ewigkeit erteilt er hier mit erhobener Hand den Segen. Manche nähern sich vorsichtig, um zu schauen, ob er sich nicht doch bewegt.

Für einen Gesamteindruck der imposanten Felsenfestung sollten Sie an einer der im Hafen startenden Bootstouren teilnehmen.

Wer war Papa Luna?

1378 kam es zum Abendländischen Schisma. Es gab nun zwei Päpste: Urban VI. in Rom sowie den Gegenpapst Clemens VII. in Avignon, zu dessen Nachfolger 1394 Benedikt XIII. gewählt wurde. Der war 1328 als Pedro Martínez de Luna in eine angesehene aragonesischen Familie in Illueca (Zaragoza) geboren worden. 1411 verlegte er den Papstsitz nach Peñíscola und lebte dort, bis er 1423 im Alter von 96 Jahren starb. Seither heißt die Burg nach ihm ›Papa Luna‹.

Templerburg am Mittelmeer

Nachdem der aragonesische König Jakob I. 1233 Peñíscola erobert hatte, übergab er die maurische Festung an den mächtigen Templerorden, der den Alcazaba Ende des 13. Jh. zu einem wuchtigen Kastell ausbaute. Seine heutige Gestalt erhielt es in der Zeit Philipps II. im 16. Jh. Nüchterne Schmucklosigkeit kennzeichnet den 2300 m² großen Burgkomplex, komplett aus Hausteinmauerwerk errichtet. Exzellent ist die strategische Lage auf einem beinahe uneinnehmbaren Felsen 65 m über dem Meer. Für Papst Benedikt XIII. schuf man 1414 einen direkten Zugang zu seinem eigenen Bootssteg: das Portal de Sant Pere, über dem noch das Wappen Pedro de Lunas prangt.

Die außergewöhnlich gut erhaltene Burg wurde 2015 für die Dreharbeiten zu »Game of Thrones« in die Stadt Meereen verwandelt und von 1500 Statisten bevölkert. 1961 waren es bei

Der Templerorden kämpfte in der Reconquista gegen die Araber und war für den Schutz der Pilger nach Santiago de Compostela zuständig. Er wurde Anfang des 14. Jh. aufgelöst. In Spanien gingen seine Besitztümer, darunter auch die Burg von Peñíscola, an den 1316 gegründeten Ritterorden von Montesa.

den Aufnahmen für »El Cid« sogar 2000, die Charlton Heston zur Seite standen.

Rundgang

In die Burg gelangen Sie durch das **Haupttor** 1, dessen Rundbogen von quadratischen Wachtürmen flankiert wird. Vom **Waffenhof** 2, zu dem Sie über eine Treppe hinaufgelangen, geht es in die Säle der oberen Festungsbereiche. Rechter Hand können Sie die **Residenz Benedikts XIII.** 3 bewundern samt Studierzimmer, über dessen Tür Papa Lunas Wappen prangt. Im Norden führt eine Treppe zur oberen Burgplattform, darunter liegt die **Sala del Cónclave** 4, in der 1423 die Wahl des Gegenpapstes Clemens VIII. stattfand.

An der Westseite wurde die kleine Kapelle der Templer im 15. Jh. zu einer **Päpstlichen Basilika** 5 umgebaut, in der eine Steinplatte daran erinnert, dass der Papa Luna zunächst hier begraben wurde. Neben der **Zisternenanlage** 6 an der Südseite erwartet Sie der prächtigste Gebäudeteil der Anlage: der **Gotische Saal** 7. Durch ein Spitzbogenportal betreten Sie den von einer mächtigen Steindecke überwölbten Raum, von dem es eine direkte Verbindung zum Papstpalast gibt. Nordöstlich des Waffenhofs führt eine aus dem Stein gehauene Treppe hinunter zum Meer. Doch steigen Sie lieber weiter hinauf, denn den Ausblick von den **Dachterrassen** der Wachtürme dürfen Sie sich nicht entgehen lassen. Die gesamte Küste von Alcossebre bis Vinarós liegt Ihnen hier zu Füßen, ins Landesinnere reicht der Blick bis zur Serra d'Irta und ins Baix Maestrat.

Die Mönche Paladio Calvet und Domingo Dalava wollten das Schisma beenden, indem sie Papa Luna mit arsenhaltigem Kuchen vergiften. Die Legende erzählt, ein Kräutertee habe als Antiserum gewirkt und den Papst gerettet. Auch Dalava konnte sich retten, während sein Komplize auf dem Scheiterhaufen landete.

Papa Luna inspirierte den valencianischen Autor Vicente Blasco Ibáñez in den 1920er-Jahren zu seinem historischen Roman: »El Papa del Mar«.

INFOS/ÖFFNUNGSZEITEN
Castell de Peñíscola: Castell s/n, https://castillodepeniscola.dipcas.es, tgl. Palmsonntag–Mitte Okt. 9.30–21.30, sonst 10.30–17.30 Uhr, 5/3,50 €. Der Eintritt beinhaltet den Zugang zum Besucherzentrum der Burg im **Leuchtturm** sowie zum **Parque de Artillería** (Santos Mártires s/n, unterhalb der Burg).

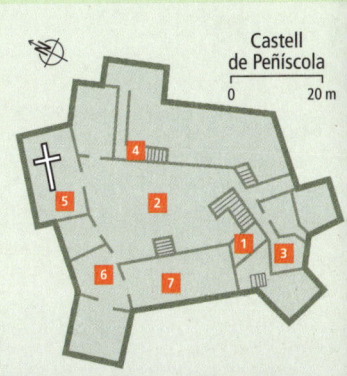

Castell de Peñíscola

0   20 m

Esplanada del Port s/n, am Fischerhafen, T 964 48 03 63, tgl. 12–17, 20–24, im Winter z. T nur bis 17 Uhr, à la carte ab 25 €

🍴 Kreative Küche
Casa Jaime
Aufmerksamer Service, frische Meeresfrüchte. Blick auf Strand und Burg.
Av. Papa Luna 5, T 964 48 00 30, www.casa jaimepeñiscola.com, im Winter Do–Di sonst tgl. 13–15.30, 20–22.30 Uhr, in den Weihnachtsferien u. einen Monat im Herbst geschl., Menü ab 30 €, à la carte ab 45 €

🌊 Baden
Die feinsandige **Platja Nord** erstreckt sich über mehrere Kilometer vor dem Ort. An die kleinere **Platja Sud** südlich des Hafens schließt sich eine felsigere Zone mit Badebuchten an.

🌊 Wassersport
An der **Platja Sud** beim Hafen gibt es vielfältige Angebote: Surfen, Segeln, Kitesurfen, Jet-Ski etc.

🌊 Bootstouren
Sergi I
Panoramatouren (ca. 10 €) rund um die Templerburg und Schiffsreisen entlang der Küste, z. B. bis zum Ebro-Delta im Norden, zur Serra d'Irta sowie zu den Illes Columbretes (▶ S. 92).
Sporthafen, T 655 60 32 06, www.excursionesa columbretes.es, Ostern–Okt. tgl.

🌊 Radverleih
Diver Sport
Mit dem Rad bieten sich Ausflüge entlang der Küste bis nach Alcossebre an, außerdem in die Serra d'Irta und nach Vinarós. Auch Quadverleih und -touren. Im Touristenbüro erhält man Informationen über Mountainbike-Touren.
Av. de l'Estació 15, T 633 97 97 42, www. diversport.net, Radverleih ab 15 €/Tag

ℹ Infos und Termine
Touristeninformation: Passeig Marítim s/n (Strandpromenade), T 964 48 02 08, www.peniscola.es, im Sommer tgl. 10–19/20, sonst Mo–Sa 9.30–17.30/19, So 10–14 Uhr

Bus: In der Nähe des Touristenbüros starten von der Av. del Mar alle 15–30 Min. Busse nach Benicarló und Vinaròs
Festes de la Mare de Déu de l'Ermitana: 7.–19. Sept. Fest der Mauren und Christen mit Traditionstänzen
Wallfahrt zur Einsiedelei des hl. Antonius: So nach Ostern
Festival Internacional de Música Antiga i Barroca: im Aug. Konzerte mit Barockmusik auf der Burg

IN DER UMGEBUNG

Pinienhaine am Meer
Der Trumpf des Ferienortes **Alcossebre** (🗺 G 2, rund 2000 Einw.) sind seine breiten Strände mit ihren unbebauten Abschnitten. Alcossebre gehört zum 10 km landeinwärts in der Serra d'Irta gelegenen Bauernort **Alcalà de Xivert,** dessen Alter die Reste eines maurischen Kastells bezeugen.

Stadtmuseum im Kloster
Felder mit Zitrushainen und Artischocken umgeben **Benicarló** (🗺 H 1), einen Ort mit rund 26 000 Einwohnern,

UNBERÜHRTE KÜSTE
Nur wenige Kilometer südlich von Peñíscola hütet der gebirgige **Naturpark Serra d'Irta** (parques naturales.gva.es) einen seltenen Schatz: 12 km zerklüftete Küste ohne Bebauung, dafür mit zauberhaften kleinen Buchten, wie der **Platja del Ruso** oder der zwischen Dünen versteckten **Punta del Pebret.** Ungewöhnlich ist auch die große Zahl von Süßwasserquellen in diesem Gebiet. Aromatischer Duft wilder Pflanzen begleitet Sie auf Ihren Wanderungen entlang ausgeschilderter Routen zu Wachttürmen und Klippen. Besonders schön ist der Panoramablick von der **Torre Badum** über die Steilküste.

der auf eine lange Tradition als Fischerhafen zurückblickt. Einen Blick verdienen das modernistische Bosch-Haus
(Av. Joan Carles I 7) und vor allem das
Kulturzentrum MUCBE – Centro Cultural
Convent de Sant Francesc, das neben
Wechselausstellungen Funde aus der
iberischen Siedlung von Puig da la Nau
(7.–4. Jh. v. Chr.) zeigt (Pau 2, T 964 46
04 48, www.ajuntamentdebenicarlo.
org, Di–Fr 9–14, 17–20, Sa 10–13,
17–20, So 10.30–13.30 Uhr, Eintritt
frei; nach tel. Reservierung Führung zur
Ausgrabung in El Puig Mi, Fr/Sa 10 Uhr,
nur mit eigenem Auto, 2 €).

Langusten für Gourmets

Der Bauern-, Fischer- und Ferienort
Vinaròs (🗺 H 1, ca. 28 000 Einw.)
liegt an der Grenze zu Katalonien. Sein
Zentrum bilden die Kirche aus dem
16./17. Jh. und die Plaça Sant Agustí
mit einer schönen Markthalle von 1914.
An der gesamten Orangenblütenküste
sind die Langusten aus Vinaròs ein Be-
griff, kosten Sie sie z. B. im Restaurant
El Faro de Vinaròs (am Hafen, T 964 45
63 62, www.restauranteelfarodevinaros.
com, tgl. 13–16.30, 20–23.30 Uhr,
Menü ab 25 €, à la carte ab 40 €).

O
OLIVEN

Jahrhundertealte Olivenbäume gibt
es besonders häufig im Grenzgebiet
zwischen Valencia, Aragon und
Katalonien. Unter dem Namen
Taula del Sénia haben sich hier
27 Dörfer zusammengeschlossen,
um Naturmuseen zu unterhalten
und uralte Olivenhaine zu schützen.
Bei der Ermita de la Misericòrdia
im Hinterland von Vinaròs findet
man z. B. drei dieser Riesen mit
rund 3,50 m Stammumfang (www.
tauladelsenia.org).

Morella 🗺 F 1

**Waren Sie schon mal in einem Ort,
wo Sie das Gefühl hatten, oben auf
einem Wellenkamm zu spazieren?
Wenn nicht, müssen Sie Morella kennenlernen. Wie parallele
Höhenlinien ziehen sich seine
Straßen den Hang eines 1000 m**

*Der Franziskanerkonvent unterhalb der Burg von Morella wird in ein luxuriöses
Parador-Hotel verwandelt: 64 Zimmer und ein Spa-Bereich sind geplant. Die 2019
begonnenen Bauarbeiten müssen auch auf den Denkmalschutz Rücksicht nehmen.*

Besteigen Sie die achteckigen Türme des Sant-Miquel-Tors, um einen Überblick über Morella zu gewinnen

hohen Bergs entlang, miteinander verbunden durch malerische Treppengassen. Lassen Sie sich Zeit, in Ruhe nach ganz oben zu mäandern. Den Preis für den schönsten Stadtgrundriss hat Morella sich auf alle Fälle verdient.

Uneinnehmbare Festung

Die von einer massiven Burg überragte Hauptstadt der Comarca Ports im Maestrat wird von einer Stadtmauer aus dem 14. Jh. eingefasst, die auf 1,5 km Länge 14 Türme und sechs Tore aufweist. Zusammen mit den mittelalterlichen Palästen, den Kirchen und Plätzen machen sie aus Morella ein **denkmalgeschütztes Gesamtkunstwerk.** Wie die umliegenden Bergdörfer leidet der Ort mit nur noch rund 2500 Einwohnern jedoch darunter, dass es die jungen Leute wegzieht – an die Küste, wo es Arbeit gibt.

Zeitreise ins Mittelalter

Sobald man eins der Stadttore von Morella durchschritten hat, scheinen sich die Uhren zurückzudrehen. An den **Portes de Sant Mateu** und **Sant Miquel** können Sie die Wachtürme besteigen und am Horizont das gotische Aquädukt von 1318 erspähen (Mi–So 10–13, 16–19 Uhr, 1,50 €). Neben dem Sant-Miquel-Tor zeigt das **Museu Temps de Dinosaures** in der Kommunionskapelle der **Kirche Sant Miquel** eine paläontologische Ausstellung mit Dinosaurierfossilien aus der Gegend (Di–So 11–14, 16–18/19 Uhr, 2 €). Der Kirchenraum wurde zu einem Gesundheitszentrum umgebaut, in dem die alten Fresken erhalten sind. Auf der von Kolonnaden gesäumten **Carrer d'en Blasco d'Alagó** spielt sich das Dorfleben ab. Unterhalb der Hauptstraße geht es in den stimmungsvollen, schmalen Gassen des alten jüdischen Viertels deutlich ruhiger zu. Der Weg hinauf zum **Kastell von Morella** (Carrer Hospital, tgl. 11–17/19 Uhr, 3,50 €), das im 13./14. Jh. erbaut wurde, führt Sie an der **Basílica de Santa María** (13. Jh.) im Stil der valencianischen Gotik vorbei. Die Kirche hat einen schönen Chor sowie ein kleines Kirchenmuseum (Mo–Sa 10–14, 15–19, So 12.15–18 Uhr, Kirche Eintritt frei, Museum 2,50 €).

🏠 Dachterrasse
Hotel del Pastor
Renovierter Altbau mit einfachen, großen Zimmern mit Holzböden.
San Julián 12, T 964 16 10 16, www.hoteldel pastor.com, DZ inkl. Frühstück 60–74 €

🏆 Tradition neu kombiniert
El Mesón del Pastor
Lokale Spezialitäten in einem typischen Haus: Kroketten, Käse sowie Grillfleisch. Jährlich gastronomische Trüffelwochen.
Cuesta Jovaní 5–7, T 964 16 02 49, www.mesondelpastor.com, Aug. tgl. 13–16, 21–23, sonst So–Di, Do/Fr 13–16, Sa/Fei 13–16, 21–23 Uhr, 15 Tage im Juni/Juli u. Weihnachten geschl., à la carte ab 30 €, Menü 25 €

🏆 Saisonale Rezepte
Restaurante Daluan
Was in der Nähe wächst, wandert in den Topf und wird mit zeitgemäßer Finesse zubereitet. Irgendwo auf der Karte haben sich immer Trüffel versteckt.
Callejón de la Cárcel 4, T 964 16 00 71, www.daluan.es, Do–Di 13.15–15.30, Fr/Sa u. im Sommer Mo/Di, Do–Sa auch 21–22.30 Uhr, Jan. geschl., ab 35 €

🛒 Lokale Produkte
Casa Manero
In Familienhand seit 1900. Neben Käse, Wurst, Honig und Olivenöl werden hier auch Trüffel und Weine verkauft.
Blasco d'Alagó 8, T 964 16 00 84, tgl. 9–13.30, 16–20 Uhr

🛒 Delikatessen
Guimerá
Hausgemachte Spezialitäten und Kunsthandwerk in einem typischen

- -
SCHWARZ WIE DER TRÜFFEL

In den Wäldern, auf den Speisekarten und in den Läden der Region findet man ihn, diesen hochgeschätzten Pilz, auch ›schwarzer Diamant‹ genannt. Während des **Gastronomischen Trüffelfestivals** in Morella (Mitte Jan.–Mitte März) ist ein literarisches Wochenende der ›Schwarzen Serie‹ gewidmet: Im Wettbewerb um den Preis »Tuber melanosporum« stellen Autoren und Filmemacher Werke vor, die schön finster die Farbe des Trüffels wiederspiegeln.
- -

Normalerweise pilgert ganz Morella am ersten Samstag im Mai 25 km zur Jungfrau von **Vallivana**. Aber alle sechs Jahre ist alles anders: Dann wird in der zweiten Augusthälfte die Marienstatue nach Morella getragen. Dies ist der Auftakt zum mehrtägigen Fest Sexenni mit farbenfrohen Folklorevorführungen (nächster Termin 2024). Jeweils im Jahr vorher gibt es zum L'Anunci-Fest Paraden mit riesigen Puppen. Mehr über Sexenni erfahren Sie im Museum **De sis en sis** in der Kirche **Sant Nicolau** (Sant Nicolau 14, Öffnungszeiten in der Touristeninformation erfragen, Eintritt frei).

Altstadthaus aus dem 15. Jh.
Mare de Déu del Pilar 27, T 964 17 31 15, www.guimeramorella.com, So–Fr 10–19, Sa 10–20 Uhr

ℹ️ Infos
Touristeninformation: Placet de San Miguel s/n, T 964 17 30 32, www.morellaturistica.com, im Sommer Mo–Sa 10–14, 16–19, So 10–14, sonst Di–Sa 10–14, 16–18, So 10–14 Uhr

···
IN DER UMGEBUNG
···

Auf den Spuren der Ordensritter
Ein Abstecher nach **Sant Mateu** (🗺 G 1) führt Sie in den alten Hauptort des Maestrat, der zu einem längeren Stopp einlädt: Im Zentrum mit der Plaça Major, einer typisch kastilischen Platzanlage mit Laubengängen, dem gotischen Rathaus, der Stiftskirche aus dem 13. Jh. mit romanischem Portal und einigen alten Adelshäusern fühlt man sich tatsächlich in die Zeit der Ordensritter zurückversetzt. Auch das Paläontologische Museum lohnt einen Besuch. Vom Hügel mit dem 3 km außerhalb

KETZER

Einige Anhänger der christlichen Sekte der Katharer flohen Ende des 13. Jh. vor der Verfolgung durch die Inquisition aus Südfrankreich ins Maestrat, wo sie sich u. a. in Morella und Sant Mateu niederließen. Auf der **Route der Katharer** wird gezeigt, welche wirtschaftlichen und architektonischen Einflüsse diesen Einwanderern zu verdanken sind.

gelegenen Heiligtum der **Mare de Déu dels Àngels** hat man einen schönen Blick über das Tal (Touristeninformation San Mateu: Historiador Beti 10, T 964 41 66 58, www.santmateu.com, tgl. 10–14, 16–18/19 Uhr). 11 km sind es

Anfang Februar hat die milde Frühjahrssonne so viel Kraft, dass es keine Mandelblüte mehr in ihrer Knospe hält.

auf der schmalen Straße hinunter bis Tírig, bekannt für seine prähistorischen Felsmalereien in der **Valltorta-Schlucht** (▶ S. 108).

Aus dem historischen Bilderbuch

Im Dorf **Catí** (⚟ F 1) würde es einen nicht wundern, auch im Alltag Leuten in Tracht zu begegnen. Seine Hauptstraße verbindet die Plaça de Dalt mit der Plaça Baix, dem Standort einer gotischen Kirche und des gotischen Rathauses sowie einiger Landadelshäuser. Am Ostermontag sowie am 8. September geht eine Pilgerprozession hinauf zum Marienheiligtum **Mare de Déu de l'Avellá**. Am ersten Samstag im Mai pilgert man seit dem 14. Jh. zur einsamen **Ermita de Sant Pere de Castellfort**, von der der Blick wunderbar in die Ferne schweift.

Reizvolle Berglandschaft

Zwischen den wilden Schluchten des **Maestrat** begegnet man Wein, Mandel- und Ölbäumen sowie Schafen, deren Wolle hier früher zu Stoffen verarbeitet wurde. In urtümlich anmutenden Dörfern wie **Mirambel, Cantavieja** oder **Iglesuela del Cid** (alle ⚟ E 1) leben die Bewohner seit Jahrhunderten von dieser bescheidenen Landwirtschaft. Am Hauptplatz in **Forcall** (⚟ F 1) ist in den Palau dels Osset (16. Jh.) ein Luxushotel mit Spa eingezogen (www.palaudelsosset. com). In **Olocau del Rei** (⚟ E 1) können Sie sich im Hostal-Restaurante Mesón del Rey (www.hostalmesondelrey.es) den Kirchenschlüssel holen. Achten Sie bei der Skulptur der Virgen de la Naranja auf die Orange in ihrer Hand: Erscheint sie Ihnen nicht auch etwas zu rot? Auch die einfach aufgeschichteten Steinmauern, die überall die Felder einfassen, werden Ihnen schon aufgefallen sein. Mehr über das Thema Trockenmauerwerk erfahren Sie im Museu de la Pedra en Sec in **Vilafranca** (⚟ F 1, Pl. d'Esglesia 6, T 964 44 14 32, 635 78 63 54, im Sommer Mi–Sa 10–14, 17–20, So 10–14, sonst Fr/Sa 10–13.30, 16–19, So 10–13.30 Uhr, 2/1,50 €, Führungen 11 u. 17.30 Uhr ab Touristenbüro, San Roque 1).

La Tinença de Benifassà 🗺 G 1

Dicht an dicht stehen hier die Waldkiefern und Steineichen, dazwischen Seen und Wasserfälle, steile Felsschluchten und versteckte Dörfer: ein idealer Lebensraum für Bergziegen und Geier, Zwergadler und Wildschweine. Der gebirgige Naturpark mit seinen unterschiedlichen Habitats und der üppigen Vegetation von großem ökologischem Wert. Auf einem gut beschilderten Wanderwegnetz lässt sich die beinahe unberührte Landschaft entdecken.

Von der Höhle zum Kloster
In der Nähe des Stausees Embassament d'Ulldecona entdeckte man 1947 bei Sprengungsarbeiten Höhlenmalereien aus dem 5./4. Jt. v. Chr. An den Wänden der **Cova dels Rossegadors** sind rund 50 Menschen- und 30 Tierdarstellungen erhalten (Abzweig nach Norden von der AV-105 bei Molí l'Abad, Reservierung T 977 72 90 36). Am Weg zum Dorf La Pobla de Benifassà liegt das **Monasterio de Benifassà**, ein Zisterzienserkloster aus dem 13. Jh., das seit 1967 von Kartäuserinnen bewirtschaftet wird (Kirche Do 13–15 Uhr). Auch der einsame Weiler **El Ballestar** hat sich in seinen alten Strukturen komplett erhalten.

🏠 Rustikal
Molí l'Abad
Eine ehemalige Mühle aus dem 16. Jh. am Riu Senia mit gutem Landrestaurant, Swimmingpool und Campingplatz. Dependance direkt am Ulldecona-Stausee. Ctra. Senia–Pobla de Benifassà, km 9,5, T 977 71 34 18, www.moliabad.com, DZ ab 65 €, 4-Bett-Zimmer ab 100 €, Holzhütte für 2 Pers. ab 80 €

🍴 Mühle am Fluss
Font de Sant Pere
Das mit großen Fensterfronten sehr modern restaurierte Gebäude verleug-

net doch nicht seine Vergangenheit als Kornmühle. Auch von der Terrasse darf man sich sattsehen. Für den Magen finden sich auf der je nach Jahreszeit wechselnden Karte Gerichte auf Basis von Fisch, Fleisch oder Gemüse. Partida Sant Pere, 20, T 977 57 55 51, www.fontdesantpere.com, Mo–Mi, So 13–16, Fr/Sa 13–16, 21–23 Uhr, erste Januar- und Novemberhälfte geschl., Tagesmenü 13 €, Saisonmenü 28 €

🥾 Wandern
In der Gegend des Stausees **Embassament d'Ulldecona** bieten sich verschiedene Wege an: Die blaue Tour führt direkt am Wasser entlang, die gelbe Tour durch die Eichen- und Pinienwälder bei Mas de Boix, die rote Tour zum Portell de l'Infern und zum Salt de Robert.

······································

INFO
······································

Naturpark La Tinença de Benifassà:
Casa Capitular, El Ballestar, T 964 71 57 20, www.parquesnaturales.gva.es, www.benifassa.com, tgl. 9–14 Uhr

Schon allein der Name dieser gebirgigen Landschaft im Grenzgebiet der Provinzen Castelló (Valencianische Gemeinschaft) und Teruel (Aragón) ruft Erinnerungen ans Mittelalter wach, an eine Zeit, in der die Christen den von Mauren beherrschten Süden aufrollten und das eroberte Land dann großzügig an die Ritterorden verteilten, die in den Feldzügen die Federführung übernommen hatten: an den **Templer-** und später an den **Montesa-Orden.** Deren Ordensmeister *(maestres)* ließen sich als neue Herren im Maestrat nieder; viele Orte hier tragen deshalb bis heute den Namenszusatz ›del Maestre‹.

15

Kunst der Steinzeit – **Felszeichnungen im Maestrat**

Im Februar 1917 findet ein Schäfer auf einer Felswand in der Cova dels Cavalls steinzeitliche Tierzeichnungen. An die 200 weitere Felsenbilder werden im Lauf der Jahre entdeckt: die weltweit größte Ansammlung von Höhlenmalerei im Freien. Ein spektakuläres Bilderbuch, in dem unsere Vorfahren uns von ihrem Leben erzählen.

Die Bogenschützen auf Hirschjagd aus der Cova dels Cavalls als Briefmarkenmotiv

Die Landschaft des Maestrat mit ihren Kalksteinschluchten wirkt unwirtlich und trocken, doch in der Steinzeit müssen hier gute Jagdgründe gewesen sein. Zudem boten Höhlen den frühgeschichtlichen Menschen genügend Schutz. Auf Felsüberhängen und an senkrechten Felswänden fanden sie Raum für ihre Bildwerke. Bis heute wurden in den zerklüfteten Bergtälern von Valltorta und Gasulla rund 30 steinzeitliche ›Kunstorte‹ katalogisiert, zusammen bilden sie den zum UNESCO-Weltkulturerbe gehörenden **Kulturpark Valltorta-Gasulla**, in dem sechs Höhlen bzw. Abris zur Besichtigung freigegebenen sind. Die meisten Artefakte entstanden zwischen 12 000 und 5000 v. Chr., am Übergang von der Alt- zur Jungsteinzeit. Ihr Stil lässt aber auf wesentlich ältere Vorbilder schließen, wie die rund 27 000 Jahre alten Bilder in der Höhle von Parpalló in Gandia oder in der Cova Remigia.

Tiere und Menschen

Den Anfang der **steinzeitlichen Kunst** bilden großformatige Bilder von Tieren, dann folgen ebenfalls großformatige Darstellungen menschlicher Wesen. Später werden diese Bilder zu Szenen komponiert, die bewegter und expressiver sind. Auf dem Höhepunkt dieser Kunst, zwischen 7500 und 5500 v. Chr., können die komplexen Gemälde als Darstellungen von Jagd, Tanz und Ernte gedeutet werden. In der letzten Epoche gilt das Augenmerk der Steinzeitkünstler wieder einzelnen Figuren, die provozierend verzerrt wirken, was zum Teil als Zeichen künstlerischen Verfalls interpretiert wird.

Auf der Landstraße zwischen Albocasser und Ares del Maestre vermerkt ein Schild, dass genau hier der Nullmeridian verläuft, von dem aus die geografische Länge nach Osten und Westen berechnet wird.

Jagd und Krieg

Besonders häufig sind auf den Felsbildern im Maestrat Jagdszenen vertreten, aber man erkennt z. B. auch einen Honigsammler. Zu den interessantesten Darstellungen gehören in den **Coves del Civil** (Barranco de Valltorta) zwei Gruppen von Bogenschützen im Kampf gegeneinander, eine der frühesten Abbildungen kriegerischer Auseinandersetzungen. Weitere Informationen über die Höhlenmalerei der Region finden Sie im **Museu de la Valltorta** , das Besuche der wichtigsten Fundstätten organisiert. In der **Remigia-Höhle** 2 im Barranco de Gasulla begegnen Ihnen mehr als 750 Menschen- und Tierdarstellungen, auch hier viele Bogenschützen. Vormittags, wenn alles im Schatten liegt, sind die Bilder besser zu sehen. Die Malereien unter dem Felsdach **Cingle de la Mola Remigia**, nur etwa 200 m weiter, erkennt man dagegen deutlicher am Nachmittag.

Wenige Kilometer nördlich klebt das Dorf **Ares del Maestre** 3 spektakulär am Felsen. Unterhalb der Burg wurde eine Höhle zum Museum ausgebaut, das die Geschichte des Ortes erläutert.

INFOS/ÖFFNUNGSZEITEN

Anfahrt: mit dem PKW auf der N-232 von der Küste Richtung Morella, dann CV-10 und CV-130 Richtung Tírig
Museu de la Valltorta 1: Partida Pla de l'Om s/n (2 km von Tírig), T 964 33 60 10, www.valltorta.es, Di–So Mai–Sept. 10–14, 17–20, sonst 10–14, 16–19 Uhr (ca. 2-stündige Führungen: Cingle del Mas d'en Josep 10, Cova dels Cavalls 12, Coves del Civil 18, im Winter 16.30 Uhr), Eintritt frei
Cova Remigia 2: Ctra. Albocàsser–Ares del Maestre km 28, Führungen (20 Min. Fußweg) zu wechselnden Zeiten, Eintritt frei. Besuch anmelden im Museu de Valltorta, Treffpunkt mit dem Führer in La Montalbana ausgeschildert
Museu de la Cova 3: Ares del Maestre, Besuch ankündigen unter T 964 44 30 74

KULINARISCHES FÜR ZWISCHENDRIN

Leckere Spezialitäten aus der Region serviert das **Hotel D'Ares** 1 (Pl. Major 4, Ares del Maestre, T 964 44 30 07, ab 30 €, DZ ab 60 € inkl. Frühstück).

ENTSPANNUNG IM WASSER

In Benassal können Sie sich im **Thermalbad** 1 erholen (Av. Doctor Puigvert s/n, Fuente En Segures, T 964 44 54 04, www.balneariodebenassal.com, ca. Juni–Sept. Mo–Sa 10–13, Mi/Fr/Sa auch 17–18 Uhr, ab 14 €).

Hin & weg

ANREISE

Flughafen Valencia (Manises): 8 km außerhalb, 100 km von Dénia, 149 km von Peñíscola, T 913 21 10 00, www.aena.es. Metro-Linie 3 oder 5 fahren Mo–Sa 5.30–24, So/Fei 7–23.30 Uhr alle 15–20 Min. ins Zentrum (Dauer ca. 30 Min., Preis 2,10 €). Der Bus zum Busbahnhof fährt Mo–Sa ca. 5.30–22 Uhr etwa alle 30 Min. (1,45 €). Ein Taxi nach Valencia kostet ca. 20 €, nach Gandia ca. 79 €, nach Xàbia ca. 117 €, nach Peñíscola ca. 150 €. Autobahngebühren werden extra berechnet.

Flughafen Alicante (L'Altet): 10 km von Alicante, 52 km von Benidorm, 100 km von Xàbia und 35 km von Torrevieja, T 913 21 10 00, www.aena.es. Flughafenbusse verkehren nach Alicante (Linie C-6 zu den TRAM-Stationen Alfonso X El Sabio und Pl. de los Luceros) zwischen 6.40 und 23 Uhr. Die Fahrt kostet 3,85 € und dauert rund 30 Min. Busverbindung gibt es auch nach Benidorm (tgl. 8–23 Uhr, 9,45 €) und Elx (Linie 1-A, Mo–Fr 7.10–22.10 jede Std., Sa/So, Fei 7.10–22.10 Uhr alle 2 Std., 1,50 €). Ein Taxi nach Alicante kostet ca. 21 €, nach Altea ca. 83 €, nach Dénia ca. 130 €, nach Benidorm ca. 74 €, nach Torrevieja ca. 60 € und nach Guardamar del Segura ca. 50 €. Im Flughafen haben auch Mietwagenfirmen Büros.

Mit Bahn und Bus

Neben den Europabussen (www.eurolines.de) gibt es ein- oder mehrwöchige Pauschalbusreisen. Die Fahrt dauert allerdings rund anderthalb bis zwei Tage. Auch die Anreise mit dem Zug ist relativ langwierig und meist mit mehrmaligem Umsteigen verbunden.

Mit dem Auto

Man sollte mit zwei bis drei Tagen Fahrzeit rechnen. Für die Nutzung der französischen und spanischen Autobahn werden Gebühren erhoben.

Einreisebestimmungen

Es ist ein gültiger Personalausweis oder Pass mitzuführen, das gilt auch für Kinder. Schweizer können ohne Visum bis zu drei Monate im Land bleiben, Besucher aus EU-Ländern unbegrenzt. Für EU-Bürger ist die Ein- und Ausfuhr von Waren für den persönlichen Bedarf nicht beschränkt. Nicht-EU-Bürger müssen die Zollvorschriften beachten: Als Mengen für Einkäufe in Duty-Free-Shops gelten z. B. 200 Zigaretten und 1 l Spirituosen.

INFORMATIONSQUELLEN

Spanische Fremdenverkehrsämter
D-10787 Berlin: Lichtensteinallee 1, T +49 30 882 65 43, berlin@tourspain.es
D-60323 Frankfurt a. M.: Myliusstr. 14, 4. Stock, T +49 69 72 50 33, frankfurt@tourspain.es
D-80051 München: Postfach 15 19 40, T +49 89 53 07 46-11, -12 munich@tourspain.es
A-1010 Wien: Walfischgasse 8, T +43 1 512 95 80-11, viena@tourspain.es
CH-8008 Zürich: Seefeldstr. 19, T +41 44 253 60 50, zurich@tourspain.es

In fast allen Orten der Region gibt es eine *oficina de turisme,* in der man Ortspläne, Infos zu Öffnungszeiten und Events, Busfahrpläne und viele Broschüren zu Sportangeboten o. Ä. erhält.

Im Internet
Länderkennung Spanien: es
www.spain.info/de: offizielle Seite des spanischen Fremdenverkehrsamtes
www.comunitatvalenciana.com: offizielle Website des Landes Valencia mit Links zu lokalen TouristenInformationen
www.costablanca.org: alles, was man an der Costa Blanca unternehmen kann.
www.valenciaturisme.org: touristische Angebote in der Provinz Valencia

www.turismodecastellon.com: Infos zur Provinz samt Costa del Azahar

KLIMA UND REISEZEIT

Die Badezeit erstreckt sich vom Frühling bis in den Herbst. In der Zeit von Juli bis September sowie an Ostern und Weihnachten herrscht Hochbetrieb. Der Winter ist die ruhigste Zeit. Mit 24 °C Durchschnittstemperatur (10 °C im Winter) ist das Klima ausgesprochen mild. Im Juli und August kann die Hitze drückend werden. Es regnet in der Regel eher selten. Im Winter fällt in Höhenlagen über 1500 m auch mal Schnee.

REISEN MIT HANDICAP

Viele Hotels, Museen, Strände, Freizeiteinrichtungen und Geschäfte sind auf Reisende mit Handicap eingerichtet. Im Netz findet man Informationen unter www.predif.org, www.cocemfecv.org/turismo-accesible oder www.tur4all.es (auch auf Deutsch).

SPORT & AKTIVITÄTEN

Golf
In der Region gibt es ungefähr 40 Golfplätze, zumeist guten Hotels angeschlossen. Eine Liste mit allen Adressen bekommt man bei den Tourismusämtern oder im Internet unter www.golfcv.com.

Radfahren
Jedes Jahr entstehen neue Radwege. Mancherorts sind alte Gleisstrecken als *vies verdes* für Radwanderer hergerichtet (▶ S. 23, S. 36, S. 83, S. 98 und www.viasverdes.com). In den großen Städten gibt es zahlreiche Radwege. Meist sind auch die Strandpromenaden offen für den Radverkehr. Viele Wanderwege sind für Mountainbikes geeignet. Fahrradverleihe gibt es oft an Campingplätzen sowie in vielen Orten (▶ Reiseteil). Der Mietpreis liegt bei ca. 15 €/Tag bzw. 60–90 €/Woche.

DER UMWELT ZULIEBE

Wasser ist in Spanien ein extrem knappes Gut, der sparsame Umgang damit hilft der Umwelt. Bio-Produkte sind mit *producció ecològica* gekennzeichnet.

Wandern
Entlang der Küste und in den Küstengebirgen gibt es zahllose ausgeschilderte Wanderwege. Im Sommer sollte man die Zeiten der allergrößten Hitze meiden. Im Herbst muss man Warnungen vor plötzlichen Regengüssen, *gota freda,* ernst nehmen. An der Küste empfehlen sich Wanderungen auf den Penyal d'Ifac (▶ S. 50). und auf den Montgó (▶ S. 62). Auch die ökologischen Wanderpfade zwischen Calp und Benissa sowie in Cullera, Oropesa del Mar, Guardamar del Segura, Torrevieja und Xàbia lohnen. Ebenso interessant ist die Erkundung der Sümpfe bei Oliva, Gandia und in der Albufera von Valencia (▶ S. 80). Ideale Wanderreviere sind zudem die Serra Gelada (Benidorm), die Serra d'Irta (Peñíscola) und der Desert de les Palmes (Benicàssim). In den Küstengebirgen bieten sich folgende Regionen an: Tinença de Benifassà, Maestrat-Gebirge, Penyagolosa, Racó del Duc (bei Gandia), die Serra de Bernia, die Serra de Aitana und die Serra de Mariola sowie die Naturparks Carrascar de la Font Roja (bei Alcoi) und Xorret del Catí (Serra de Maigmó). In den Touristenbüros erhält man Informationen sowie Kartenmaterial und Tipps für geführte Wanderungen. Es gibt eine Broschüre über *senders verdes,* die grünen Wege im Land Valencia. Weitere Informationen im Internet unter www.parquesnaturales.gva.es und www.comunitatvalenciana.com/donde-ir/naturaleza.

Wassersport
In den 40 Marinas, den Jacht- und Sporthäfen längs der Küste, und den ihnen angegliederten *clubs nàutics* kom-

DIE SCHÖNSTEN STRÄNDE

Dunas de Guardamar (► S. 31),
Platja del Carabassí (► S. 31),
Platja de Levante (► S. 45), Calas
de la Granadella und d'Ambolo
(► S. 55 und S. 56), Cala del
Moraig (► S. 58), Les Mari-
nes/Deveses (► S. 60), Platja
Gandia (► S. 83), Dunas de Oliva
(► S. 85), La Concha (► S. 98),
Platja Nord (Peñíscola, ► S. 102)

men Wassersportfans auf ihre Kosten. In
Alicante, Altea und Dénia gibt es *esta-
ciós nàuticas*, die neben Materialverleih
auch Unterkünfte anbieten, bei Bedarf
als Komplettangebot buchbar. Weitere
Informationen unter www.costablanca.
org und www.comunitatvalenciana.
com/quehacer/deporte-acuatico. Die
verschiedenen Strände und ihre Ein-
richtungen werden unter http://playas.
lasprovincias.es genauer vorgestellt.
Die schönsten Tauchreviere liegen am
Cap de Sant Antoni, Cap de la Nau, bei
den Felsinseln von Portitxol (Xàbia),
am Penyal d'Ifac (Calp), bei der Illa de
Benidorm und Les Rotes südlich von Dénia. Tauchschulen gibt es in Alcossebre,
Altea, Benidorm, Guardamar del Segura,
Oliva, Santa Pola, Dénia und Xàbia.
Achtung: Für die Insel Tabarca und
das Cap de Sant Antoni benötigt man
eine Tauchgenehmigung! Information:
Federación de Actividades Subacuáticas
de la Comunidad Valenciana, T 963 15
44 91, www.buceofederado.com.

ÜBERNACHTEN

Es gibt mehr als 130 000 registrier-
te Hotelbetten. Zur Ausstattung der
Zimmer gehören fast überall eine Klimaanlage und meist auch Heizung und
Fernseher. Ein Doppelzimmer in einem
einfachen Hostal kostet 40–45 €/
Nacht, nach oben ist die Preisskala
offen. Einzelzimmer kosten 70–80 %
eines Doppelzimmers. Die Preise sind

saisonabhängig. Am teuersten ist ein
Bett in der Karwoche und in der Haupt-
saison *(temporada alta)* im Juli/August.
Nebensaison *(temporada mitjana)* ist
von April bis Juni und von September
bis November, der Rest des Jahres gilt
als *temporada baixa*.

Ferien auf dem Land

Im Innern der Provinzen Alicante, Valencia und Castelló kann man Landhäuser
mieten. Der Landtourismus *(turisme
rural)* ist besonders im Gebirge des
Maestrat beliebt. Infos und Reservierung: www.casasrurales-cv.com, www.
turistrat.es, www.elmasdeborras.com,
www.turimaestrat.com

VERKEHRSMITTEL

Bahn
RENFE: Das Streckennetz der staatli-
chen Bahn verbindet Alicante, Valencia
und Castelló. Der Nahverkehrszug C-1
fährt von Alicante nach Elx und Orihuela. Von Valencia und Castelló bedienen
Nahverkehrslinien die Umgebung (www.
renfe.es/www.renfe.com/viajeros/cer
canias). Information und Kartenverkauf
an den Schaltern der RENFE-Bahnhöfe
(T 912 32 03 20) und im Internet
(www.renfe.es). Eine normale Bahnfahrt
kostet ca. 12–17 €/100 km, Hin- und
Rückfahrt ca. 10–20 % günstiger. Ermä-
ßigung bei Online-Buchung mindestens
zwei Wochen im Voraus.
FGV: Die fünf Linien der auch unter dem
Namen TRAM bekannten Schmalspur-
bahnen (Gratis-T 900 72 04 72, www.
fgv.es, www.tramalicante.es) halten
zwischen Alicante und Dénia in den
Küstenorten. In Sommernächten ver-
kehrt der TRAMnochador, allerdings nur
auf der Strecke zwischen Alicante und
Benidorm. Die Preise sind nach Zonen
gestaffelt: einfache Fahrt in einer Zone
1,35 €, Bono 10 für 7,60 €.

Busse
ALSA: T 902 42 22 42, www.alsa.es.
Von Valencia nach Alicante über die
Autobahn oder über die Küstendörfer

Autos Mediterráneo (AMSA): T 964 22 00 54, www.autosmediterraneo. com. Von Castelló nach Alcalà de Xivert, Benicarló, Benicàssim, Oropesa, Peñíscola, Torreblanca, Vinaròs (Küste) sowie Cabanes, Catí, Sant Mateu und Morella (im Landesinnern)
Autos Vallduxense (AVSA): T 964 69 79 00, www.avsa.es. Zwischen Valencia, Sagunt und Port de Sagunt
Avanza-Autocares Costa Azul: T 965 30 15 90, www.costazul.net. Verbindet Alicante mit Torrevieja, Guardamar del Segura, Pilar de la Horadada und La Manga del Mar Menor ganz im Süden
HIFE: T 902 11 98 14, www.hife.es. Verbindet Castelló mit Valencia, Sagunt, Vinaròs und Benicarló
HICID: T 964 20 01 22, www.hicid.es. Busse zwischen Albocàsser, Vilafamés, Ares del Maestre, Benasal, Grau de Castelló und den umliegenden Dörfern
Vectalia: T 966 69 60 11 (Santa Pola), T 965 13 07 00 (Alicante), T 965 52 05 52 (Alcoi), www.movilidad.vectalia.es. Entlang der Küste von Alicante nach El Altet, Arenales del Sol, Santa Pola etc.

Schiffe
Auf die Balearen ab Dénia oder Valencia; zur Isla de Tabarca ab Santa Pola, Torrevieja, Alicante; auf die Illes Columbretes ab Castelló, Alcossebre, Peñíscola
Fähranbieter: Trasmediterránea, T 902 45 46 45, 917 36 99 57, www.trasme diterranea.com; Balearia, T 902 16 01 80, www.balearia.com

VERKEHRSREGELN

Die Höchstgeschwindigkeit in geschlossenen Ortschaften beträgt 50 km/h, auf Landstraßen und Fernstraßen 90 km/h, auf Autobahnen 120 km/h. Es besteht Gurtpflicht. Die Alkohol-Promillegrenze für Führerscheinneulinge liegt bei 0,3, sonst bei 0,5. Das Fahren unter dem Einfluss von Drogen ist verboten. Gelbe Markierungen am Straßenrand bedeuten Parkverbot. Vor unübersichtlichen Kurven

sollten Sie zur Sicherheit besser hupen! In den **historischen Zentren** vieler Städte, wie z. B. Valencia, Alicante, Benidorm, Castelló, Peñíscola, Sagunt, oder Requena, ist die Zufahrt für PKW stark reglementiert.

WICHTIGE NOTRUFNUMMERN

Allgemeiner Notruf: T 112; Ambulanz: 061; Rotes Kreuz: T 900 22 11 22 (Mo–Fr 10–20 Uhr), www.cruzroja.es; Guardia Civil: 062, www.guardiacivil.es; Polizei: 091 (national) oder 092 (städtisch), www.policia.es; Feuerwehr: 080 (Alicante, Castelló, Valencia, Gandia), 085 (Benidorm)
Deutsche Konsulate: Alicante, Av. Maisonnave 7, 2°, T 965 11 80 70, Mo–Fr 9–13 Uhr; Valencia, Av. Marqués de Sotelo 4, 3°, T 963 10 62 53, Mo–Fr 9–13 Uhr; www.spanien.diplo.de
Österreichisches Konsulat: Valencia, Convento Santa Clara 10, T 963 52 22 12, www.bmeia.gv.at/botschaft/madrid, Mo, Mi, Do 11–12 Uhr
Schweizer Konsulat. Valencia, Hotel Westin, Amadeo de Saboya 16, T 963 62 59 00, www.eda.admin.ch/barcelona
Bei EC-/Kreditkarten- oder Handyverlust: T +49 116 116, bitte halten Sie Ihre Kreditkartennummer, IBAN und BIC bzw. Handynummer bereit!

DIEBSTÄHLE

Diebstähle können telefonisch auf Deutsch beim **SATE** (Servicio de Atención al Turista Extranjero) unter T 902 10 21 12 angezeigt werden (tgl. 9–15, auf Englisch bis 21 Uhr). Doch muss man die schriftliche Bestätigung (z. B. für die Versicherung) im nächsten Polizeikommissariat abholen. SATE-Büros gibt es in Gandia (Av. de la Paz 4, El Grau, Juli–Sept. tgl. 9–22 Uhr) und Benidorm (Gerona 44, Okt.–April Mo–Fr 9–15, sonst Mo–Fr 9–21, Sa/So, Fei 10–14 Uhr).

O-Ton Costa Blanca

Bon dia!

Buenos días!
Guten Tag!

Bona nit!

Buenas noches!
Gute Nacht!

ADÉU/AU!

Adiós!
Auf Wiedersehen!

Moltes gràcies!

Muchas
gracias!
Vielen Dank!

collons

Eier (im Sinne von Hoden)
*als Ausruf am Ende eines Satzes,
um diesen zu verstärken*

Che!

A FER LA MÀ!

Mach dich vom Acker!
*freundliche Aufforde-
rung, zu verschwinden*

Hey!
Freundlich gemeinte Anrede

Salut i força al canut!

picaeta

tapa
leckere Kleinigkeit

Gesundheit und ein starkes Rohr!
*doppeldeutiger Trinkspruch, der eigentlich auf
eine prall gefüllte Börse anspielt*

torrà

barbacoa
*geselliges Beisammensein,
um Fleisch zu grillen*

estar a la luna de Valencia

unter dem Mond von Valencia sein
beschreibt jemanden, der nichts mitbekommen hat

Register

Register

Das Klima im Blick

Reisen bereichert und verbindet Menschen und Kulturen. Wer reist, erzeugt auch CO_2. Der Flugverkehr trägt mit bis zu 10 % zur globalen Erwärmung bei. Wer das Klima schützen will, sollte sich – wenn möglich – für eine schonendere Reiseform entscheiden oder die Projekte von atmosfair unterstützen. Flugpassagiere spenden einen kilometerabhängigen Beitrag für die von ihnen verursachten Emissionen und finanzieren damit Projekte in Entwicklungsländern, die dort den Ausstoß von Klimagasen verringern helfen (www. atmosfair.de). Auch die Mitarbeiter des DuMont Reiseverlags fliegen mit atmosfair!

Abbildungsnachweis

akg-images, Berlin: S. 120/6 (Album); 120/1 (Album/Prisma); 120/8 (bilwissedition)
Getty Images, München: S. 43 (Pablo Blazquez Dominguez); 120/9 (Ulf Andersen)
Inesfly Corporation, Valencia (ES): S. 120/5
iStock.com, Calgary (CA): S. 103 (amoklv); 47 (andreygonchar); 8/9 (Elena Golikova);
    49, 52 (gdagys); 17 (JackF); Umschlagklappe hinten (ManuelVelasco); 50 (maylat);
    7 (merc67); 95 (Peeter Viisimaa); 106 (tzahiV)
laif, Köln: Umschlagklappe vorn, 67 (Cordonpress/Fernando Espineira); 59, 62
    (Marc-Oliver Schulz); 61, 78 (Monica Gumm); 64/65 (Redux/Kike Calvo)
Manuel García Blázquez, Madrid (ES): S. 4 o., 11, 30, 36, 44, 75, 91, 92
MATO, Hamburg: S. 4 u. (Suzy Bennett)
Mauritius Images, Mittenwald: S. 80 (age fotostock/Pablo Méndez); Titelbild, Faltplan
    (Alamy/Joan Gil); 70 (Alamy/Sara Wager); 56 (Cultura/Matt Lincoln); 98 (Pixtal);
    100 (Westend61/David Santiago Garcia)
Shutterstock.com, Amsterdam (NL): S. 40 (Brian S); 35 (chasdesign); 25 (Christian
    Mueller); 27 (dreamansions); 21 (FRANCISGONSA); 33 (Glenkar); 76, 83, 96 (hol-
    box); 104 (Iakov Filimonov); 29 (Olaf Speier); 86 (Remzi); 14/15 (Sergey Didenko);
    23, 84 (trabantos); 39 (Tupungato); 88/89 (VAlekStudio); 108 (vvoe)
Stock.adobe.com, Dublin (IE): S. 54 (lunamarina); 72 (pure-life-pictures)
Wikimedia Commons: S. 120/7 (CC BY 3.0/Nouexili Mildenou); 120/2, 120/3, 120/4
    (CC PD)
Zeichnung S. 3: Gerald Konopik, Fürstenfeldbruck
Zeichnung S. 5: Antonia Selzer, Lörrach

Kartografie

DuMont Reisekartografie, Fürstenfeldbruck
© DuMont Reiseverlag, Ostfildern

Umschlagfotos

Titelbild: Riesige Garnrollen als Dekoration zum Sexenni-Fest in Morella
Umschlagklappe hinten: Palmen und ihre Schatten im Sand

Hinweis: Autor und Verlag haben alle Informationen mit größtmöglicher Sorgfalt
geprüft. Gleichwohl sind Fehler nicht vollständig auszuschließen. Alle Angaben erfolgen
ohne Gewähr. Bitte schreiben Sie uns! Über Ihre Rückmeldung zum Buch und Verbesse-
rungsvorschläge freuen sich Autor und Verlag:
DuMont Reiseverlag, Postfach 3151, 73751 Ostfildern,
info@dumontreise.de, www.dumontreise.de

FSC
www.fsc.org
MIX
Papier aus ver-
antwortungsvollen
Quellen
FSC® C124385

2., aktualisierte Auflage 2020
© DuMont Reiseverlag, Ostfildern
Alle Rechte vorbehalten
Autor: Manuel García Blázquez
Redaktion/Lektorat: Lucia Rojas
Bildredaktion: Nadja Gebhardt
Grafisches Konzept: Eggers+Diaper, Potsdam
Printed in China

Kennen Sie die?

Ausiàs March
1397–1459
Als Vertreter des ›Goldenen Zeitalters‹ von Valencia gehört dieser mittelalterliche Ritter zu den bedeutendsten katalanischsprachigen Dichtern. Seine Grabstätte findet sich in der Kathedrale in Valencia.

Miguel Hernández
1910–42
Der ›Dichter des Volkes‹ musste früh von der Schule abgehen, um beim Ziegenhüten zu helfen. Dort hatte der Autodidakt viel Zeit zum Lesen der Klassiker und verfasste seine ersten Gedichte.

Joaquín Sorolla
1863–1923
Den in Valencia geborenen Maler zog es immer wieder ans Meer, um das Farbspiel des Lichts auf dem Wasser auf Leinwand zu bannen. Der Fernverkehrsbahnhof von Valencia ist nach ihm benannt.

Vicente Blasco Ibáñez
1867–1928
In seinen Werken machte der Autor u. a. auf soziale Missstände aufmerksam. Heute zählt er zum Schulkanon und seine Heimatstadt Valencia ehrt ihn mit einem Museum.

Pilar Mateo
*1959
Die valencianische Chemikerin setzt sich mit ihren wissenschaflichen Forschungsprojekten und Patenten erfolgreich für die Bekämpfung armutsbedingter Krankheiten ein.

Luis García Berlanga
1921–2010
Für den aus Valencia stammenden Filmregisseur war Freiheit das höchste Gut. Sein kritischer und ironischer Geist beeinflusste eine ganze Generation von Filmschaffenden.

Mónica Oltra
*1969
Die in Deutschland geborene Politikerin der Iniciativa del Poble Valencià kämpft als Vizepräsidentin der valencianischen Landesregierung gegen Korruption jeglicher Art.

Margarida Borràs
† 1460
Durch die Inquisition zum Tode verurteilt, wurde die Transsexuelle zur Ikone der LGBT-Gemeinde. Auf der Plaça del Mercat in Valencia erinnert eine Pläkette an ihr Leben.

Rafael Chirbes
1949–2015
Als Journalist beschäftigte er sich mit Vergangenheit und Gegenwart seiner Heimat. Auch in seinen Romanen geht es um Themen wie Stagnation und Spekulation.